Paul Ehrenberg

Die Geldwertsberechnung der Futtermittel

Paul Ehrenberg

Die Geldwertsberechnung der Futtermittel

ISBN/EAN: 9783743304444

Hergestellt in Europa, USA, Kanada, Australien, Japan

Cover: Foto ©Suzi / pixelio.de

Manufactured and distributed by brebook publishing software
(www.brebook.com)

Paul Ehrenberg

Die Geldwertsberechnung der Futtermittel

Die
Geldwertsberechnung der Futtermittel.

Eine kritische Studie

nebst einem

Versuch der Geldbewertung der Futtermittel unter Benutzung neuer Gesichtspunkte.

Inaugural-Dissertation

der

philosophischen Fakultät

an der

Universität Jena

zur

Erlangung der Doktorwürde

vorgelegt von

Paul Ehrenberg.

JENA.
Druck von Ant. Kämpfe
1899.

Genehmigt von der philosophischen Fakultät der Universität Jena auf Antrag des Herrn Professor Dr. Settegast.

Jena, den 26. November 1898.

Geh. Hofrat Prof. Dr. Liebmann
d. Z. Dekan der phil. Fakultät.

Inhalts-Verzeichnis.

Einleitung.

Als in alten Zeiten der Nomade noch mit seinen Viehherden über weite Steppengebiete zog, und der Ackerbau so gut wie unbekannt war, mochten die Gedanken des Hirten durch mancherlei Vorfälle auf die Pflanzen der Natur, die seinem Vieh zur Nahrung dienten, gelenkt werden. Er mochte bemerken, dass nach dem Genuss gewisser Pflanzen die Tiere erkrankten, ferner, dass gewisse Weiden dem Vieh ein volles, schönes Aussehen, und ihm selbst viel Milch, Fleisch und Fett brachten. Der Vater vererbte seine Kenntnisse auf den Sohn, der sie selbst vermehrte und weiter gab.

So bildete sich zuerst eine Wertschätzung gewisser Pflanzen, die sich nicht allzuselten in der Natur fanden. Als der Ackerbau mit der Viehhaltung in Verbindung trat, rief die mit der Niederlassung verbundene Steigerung der Intelligenz, sowie der Umstand, dass jetzt zur Weide nur noch ein bedeutend geringerer Raum als früher benutzt werden konnte, eine bessere Kenntnis und damit eine bessere Wertschätzung der heimatlichen Pflanzen hervor. Stellen, die für das Vieh nützliche Gewächse trugen, wurden besonders bevorzugt, und durch Tradition pflanzte sich unter den Ackerbauern die Kunde von den für das Vieh nützlichen wie schädlichen Gewächsen fort. Besonders wurde sie natürlich bei einer Methode des Ackerbaues gepflegt, die der Viehhaltung einen grösseren Einfluss, eine grössere Bedeutung beilegte.

In Deutschland war nun während des ganzen Mittelalters, und noch lange Zeit später, — vorher kommt es für landwirtschaftliche Fragen kaum in Betracht — die Viehhaltung das Stiefkind der Wirtschaft. Mit Ausnahme einzelner Gegenden herrschte die Dreifelderwirtschaft, die von allen Wirtschaftssystemen wohl am wenigsten geeignet war, die genauere Wertschätzung der Futtermittel unentbehrlich zu machen.

Die grossen Veränderungen im landwirtschaftlichen Betrieb, die durch Männer der Wissenschaft und der Praxis seit Mitte des vorigen Jahrhunderts veranlasst wurden und ihren Höhepunkt durch Thaer erreichten, riefen auch bezüglich der Wertschätzung der Futterstoffe eine bedeutende Umwälzung hervor.

Die Menge der zum Zweck der Viehernährung angebauten Pflanzen hatte sich ausserordentlich vermehrt und vermehrte sich andauernd. Die reichliche Fütterung seiner Nutztiere wurde dem Landmann zur Pflicht gemacht. Die Abfälle einiger Fabrikationsmittel begannen bei der Tierernährung eine Rolle zu spielen. So stellte sich denn bald das dringende Bedürfnis nach einer genaueren Wertschätzung der Futtermittel ein, und gebildete, tüchtige Landwirte der damaligen Zeit bemühten sich ihren Berufsgenossen zu Hilfe zu kommen.

Zugleich war noch ein anderer Umstand von Bedeutung. Die Landwirtschaft wurde mehr und mehr, wie jeder andere Beruf, als ein Gewerbe aufgefasst, bei dem es auf einen möglichst grossen Reingewinn ankomme. Um einen solchen zu erlangen, war es notwendig, die Zweckmässigkeit des Betriebes, sowie seinen Erfolg durch eine genaue Buchführung zu kontrolieren, die denn auch vielfach in Gestalt der sogenannten „doppelten" Buchführung empfohlen wurde. Mit dieser ging eine präcise Wertschätzung und eine Wertbemessung der Futtermittel Hand in Hand. — Wie bekannt, versuchte man sie zuerst durch sogenannte Heu- oder Roggenwerte zu bewerkstelligen, und ging dann zur Geldwertsberechnung der Futtermittel über, wobei die vorerwähnten Werte teilweise als Hilfsmittel benutzt wurden.

Die Bedeutung einer genauen, einer doppelten Buchführung, und damit einer guten Methode der Geldwertsberechnung besonders der „marktlosen" Futtermittel [1]) hat sich nun von Jahr zu Jahr gesteigert. Besonders in neuester Zeit ist die Berücksichtigung des endgiltigen Reinertrags der verschiedenen einzelnen Wirtschaftszweige für den Landwirt immer wichtiger geworden. Die gewaltige ausländische Konkurrenz und ihre Folgen, dann die Methode der Steuerselbsteinschätzung, die Notwendigkeit

---

1) **Näheres** über diesen Ausdruck siehe später auf Seite 16 dieser Arbeit.

grosser, umlaufender Kapitalien zwingen den Landwirt geradezu zu einer genauen, zu einer doppelten Buchführung. Dazu bedarf er, wie erwähnt, besonders einer sicheren Methode der Geldwertsbemessung und Geldwertsberechnung, wie der anderen landwirtschaftlichen Gebrauchsgegenstände, so auch der Futtermittel. Die Wissenschaft hat denn dem Landwirt auch viel derartige Methoden zur Verfügung gestellt, soviel, dass der Mann der Praxis wohl nur in Ausnahmefällen sie alle prüfen und sich selbst ein Urteil darüber bilden kann. Ihm hierbei zu Hilfe zu kommen soll der Zweck der folgenden Abhandlung sein. Sie will, unter der Voraussetzung, dass für die Buchführung [1]), sowie auch für andere Zwecke, eine Geldwertberechnung der Futtermittel nötig ist, sich mit der letzteren beschäftigen. Sie will die Fehler und die Vorzüge der verschiedenen Arbeiten und Ansichten, die unsern Gegenstand betreffen, abwägen, um zuletzt den Versuch zu machen, unter Benutzung des Guten, das sich gefunden hat, einen neuen Weg einzuschlagen und damit die Richtung, in der sich künftige Berechnungsversuche bewegen dürften, genauer anzudeuten.

Noch will ich bemerken, dass nur deutsche Arbeiten berücksichtigt sind. Ich glaubte um so eher derartig handeln zu dürfen, als ja gerade die Landwirtschaft verschiedener Länder die grössten Unterschiede zeigt, andrerseits wirklich bedeutende Erkenntnisse ausländischer Schriftsteller gewiss auch stets auf die deutsche Wissenschaft Einfluss haben und so ihre Würdigung finden werden.

---

1) Gemeint ist natürlich die sogenannte „doppelte" Buchführung.

I. Die auf Heu- und Roggenwerte gegründeten Rechnungen.

—

Es wird vielleicht auffallen, dass ich zu Beginn meiner Abhandlung gerade von den veralteten Heu- und Roggenwerten spreche. Doch ist dies nicht ohne Grund geschehen. Einmal ist in der Heuwerttheorie überhaupt der erste nennenswerte Versuch einer Bewertung der Futtermittel zu erblicken, und dann leitet uns dieser Versuch auch zugleich zu der ersten Methode einer Geldwertberechnung über. Jede Geldwertberechnung bis zum Auftreten Liebigs war an Heuwert bezw. Roggenwert gebunden. Es ist allerdings zu bemerken, dass Geldwertsberechnungen der Futtermittel in jener Zeit nur sehr selten vorgekommen sein können, da man es meist vorzog, bei Heu- bezw. Roggenwerten stehen zu bleiben.

Als Vergleichsbasis lag bezüglich der Futtermittel besonders das Heu nahe. War es doch lange Zeit hindurch das Futter par excellence gewesen. Ausserdem war es jedem Landwirt bekannt, kam in jeder Wirtschaft vor, kurz, es schien allen Anforderungen zu genügen. So ist denn auch nicht verwunderlich, dass man es zur Wertschätzung der Futtermittel benutzte.

Der erste derartige Versuch ging von **Albrecht Thaer** aus. Sein Schüler und Gehilfe Einhof bestimmte in Möglin, soweit es die damals noch sehr mangelhaften Analysen zuliessen, den Nährstoffgehalt der Futtermittel, also den Eiweiss-, Stärke-Gehalt, und so weiter. Es ist möglich, dass Einhof und Thaer hierzu durch das Beispiel des grossen englischen Naturforschers Humphry Davy veranlasst wurden, dem nach König [1]) der Ruhm

---

1) Vergl. Dietrich und König, Futtermittel. Teil II.

gebührt, zuerst „die Entdeckungen der Chemie in Beziehung zum Ackerbau gebracht und aus den Forschungen damaliger Zeit Nutzanwendungen für die Landwirtschaft gezogen zu haben." Ein Grund, weswegen die Futtermitteluntersuchungen der damaligen Zeit den beabsichtigten Erfolg nicht erreichen konnten, war die falsche Vorstellung über den Wert der verschiedenen als Nährstoffe angesehenen Verbindungen. Man hielt sie alle für gleichwertig und glaubte durch Addition derselben eine Zahl zu erhalten, die den Wert des Futtermittels ausdrückte.

Neben diesen chemischen Untersuchungen benutzte man noch empirisch geleitete, praktische Fütterungsversuche und stützte sich bald wesentlich auf diese. Im Wiesenheu glaubte man ein vollkommenes Futtermittel kennen gelernt zu haben. Man verglich daher die Resultate, die man mit der Fütterung von einzelnen Futtermitteln, wie Kartoffeln, Möhren, Kleeheu etc. erreichte, mit den Erfolgen einer im Gewicht entsprechenden Wiesenheufütterung. Neben den einzelnen Fütterungsversuchen wurden auch bei grösseren Viehherden gemachte Erfahrungen herangezogen, und dies alles diente dann zur Aufstellung der Heuwerte. Thaer erhielt so folgendes Ergebnis [1]:

Es sind in der Fütterung als gleich anzunehmen

Heu 100; Kartoffeln 200; Runkeln mit Kraut 460; Möhren 266; Rutabaga mit Kraut 350; Weisskohl 600; Junges Kleeheu 90; Wasserrüben 525; Wickenheu 90; Luzerne- und Esparsetteheu 90; —

Im Anschluss hieran wurden nun häufig von namhaften Landwirten Fütterungsversuche gemacht, die zunächst zu einer Erweiterung der Tabelle führten. Jedem Futtermittel wurde ein Heuwert zugesprochen, und da die fortschreitende Technik der Landwirtschaft viel neue darbot, so gewann man recht stattliche Zahlenreihen. Ja, man ging soweit, dass man Salz mit einem Heuwert belegte. — Im weiteren Verlauf stellten sich aber bald Unzuträglichkeiten heraus. Denn es ist für uns sehr erklärlich, dass die Versuchsresultate absolut nicht immer den Aufstellungen Thaer's gleich waren. Und da man ausser ihnen auch stets der persönlichen Ansicht, der Erfahrung der betreffenden Landwirte grossen Einfluss einräumte, so stellte bald jeder landwirtschaftliche Schriftsteller seine eigene Heuwerttabelle auf. Wie gross

---

1) Vergl. A. Thaer; Grundsätze der rationellen Landwirtschaft. Berlin 1809.

die dabei vorkommenden Differenzen waren, zeigt ein Vergleich:

Thaer setzte 100 Tl. Heu gleich 460 Tl. Runkeln.

Pabst[1]) setzte 100 Tl. Heu gleich 290 bis 350 Tl. Runkeln. Aehnliche Unterschiede finden sich noch öfters.

Dass durch so verschiedene Angaben das Zutrauen der Praktiker zu den Heuwertsberechnungen nicht gerade wuchs, ist erklärlich. Mancher Landwirt mochte auch zu seinem Schaden erprobt haben, dass er mit noch so viel Kartoffeln allein doch nicht den gewünschten Erfolg erzielen konnte.

Um den Beschwerden entgegenzutreten modificirte man die Tabellen. Nur diejenigen Futtermittel sollten im Heuwert bemessen werden, die in Volumen und Gewicht etwa mit dem Heu übereinstimmten. Auch in Bezug auf den Zweck der Tierhaltung sollten die Wertszahlen geändert werden. Endlich ging man dazu über, mit Trockensubstanz oder heuähnlicher Substanz zu rechnen. Alles dieses aber konnte der Heuwertstheorie nicht den nötigen Rückhalt geben. Wie bekannt, gehört sie heutigen Tages der Geschichte an. Doch es dürfte angebracht sein, die Beziehungen der Heuwertstheorie zu unserem Thema zu betrachten.

Ich finde zwar in der älteren Litteratur keine Anleitung, mit Hilfe der Heuwerte zu einer Geldwertsberechnung zu kommen. Doch abgesehen von anderen Gründen dürfte eine solche unterblieben sein, weil eine derartige Berechnung ausserordentlich leicht war. Man hatte nur nötig, einen Tages- oder Durchschnittspreis für Heu zu ermitteln, um in kurzer Rechnung für jedes in den Heuwertstabellen befindliche Futtermittel den Geldwert zu erhalten. So sagt zum Beispiel auch Wilhelm Henneberg[2]): „Die Lösung unserer Aufgabe (das heisst die Geldwertsberechnung der Futtermittel), bot, so lange man mit Heuwerten rechnete, keine Schwierigkeiten dar". Ich führe eine von Henneberg zu Vergleichszwecken aufgestellte Berechnung nach Heuwerten an, wie sie ähnlich ein Landwirt zu Anfang dieses Jahrhunderts zum Zwecke der Geldwertsberechuung hätte anstellen müssen. Es

---

1) Vergl. Pabst, Lehrbuch der Landwirtschaft. Teil II. Wien 1861. 5. Aufl.

2) Vergl.: W. Henneberg, Ueber Wertschätzung der Futtermittel. Journal für Landwirtschaft XXXI, 1883.

sind Heuwerte von **Weckherlin**[1]) benutzt. Henneberg findet bei einem Marktpreise für Heu von 8 Mark folgende Geldwerte für 100 Kilogramm.

Heu	8,00	Mark,
Roggen	18,00	„
Bohnen	20,00	„
Hafer	15,20	„
Rapskuchen	15,20	„
Roggenkleie	11,20	„

Für Runkeln mit Kraut würde sich entsprechend ein Geldwert von 3 Mark ergeben.

Sehr ähnlich der Heuwertsmethode war die Berechnung nach Roggenwerten, die von vielen landwirtschaftlichen Schriftstellern der früheren Zeit benutzt wurde. Man zog sie wohl aus dem Grunde den auf Heu basirten Rechnungen vor, weil Roggen nicht in einer solchen Unzahl verschiedener, schwer zu beurteilender Qualitäten vorkommt, wie das Wiesenheu. Dies giebt zum Beispiel Kleemann[2]) an.

Bei der Roggenwertsberechnung kamen nun auch Differenzen in der Wertschätzung vor. So rechnet Kleemann.
100 Gewichtsteile Roggen gleich 84 Gewichtsteilen Weizen, wogegen Koppe[3])
100 Gewichtsteile Roggen gleich 80 Gewichtsteilen Weizen annimmt.

Noch schroffer stehen sich bei Kleemann und Koppe die Zahlen für Kartoffeln gegenüber.

Kleemann: 100 Gewichtsteile Roggen gleich 677 Gewichtsteilen Kartoffeln. Dagegen

Koppe: 100 Gewichtsteile Roggen gleich 400 Gewichtsteilen Kartoffeln.

Was die Gleichartigkeit der Schätzung anlangt, so war also auch durch die Bemessung nach Roggenwerten nicht viel gewonnen. Doch es ist ja auch nicht meine Aufgabe, über den grösseren oder geringeren Wert der Heu- und Roggenwertszahlen zu sprechen. Wichtig ist aber für mein Thema, dass wir

---

1) Vergl.: v. Weckherlin, Tierproduktion, Bd. I. Stuttgart und Tübingen 1851.
2) Vergl.: Kleemann, Enciklopädie. Sondershausen 1844.
3) Vergl.: Koppe, Unterricht im Ackerbau und in der Viehzucht. I., 5. Aufl. Berlin 1841.

bei Schriftstellern, welche die Roggenwerte empfahlen, mehrfach Anleitungen finden, um zu einer Geldwertsberechnung der Futtermittel zu gelangen. Die Methode entspricht natürlich der bei den Heuwerten erwähnten. Da es sich aber hier um das erste Beispiel einer Methode der Geldwertsberechnung der Futtermittel handelt [1]), so möchte ich etwas näher darauf eingehen. Das Verdienst, die erste auf wissenschaftlichen Erwägungen beruhende Geldwertsberechnung von Futter- (und Dünge-)mitteln aufgestellt zu haben, gebührt meines Wissens **Block** [2]). Dieser stellte im Jahre 1823 eine umfangreiche Tabelle auf, in der er ziemlich alle zu seiner Zeit irgendwie in Betracht kommenden Futtermittel auf Roggenwerte reduziert und dann ihren Geldwert für einen Roggenpreis von 1, $1^1/_2$, 2, $2^1/_2$ und 3 Reichsthaler pro Scheffel bestimmt. Im Ganzen finden 76 Nummern in der erwähnten Tabelle Platz, wenn wir die Düngerberechnungen unberücksichtigt lassen. Ich kann mir nicht versagen, einige Beispiele aus ihr anzuführen, um so die Einrichtung der ältesten aller Geldwertstabellen zu zeigen:

(Vergl. die beigefügte Tabelle p. 9).

Dem Vorgange Block's folgt **Kleemann** [3]) in seiner landwirtschaftlichen Buchführung. Auch er legt das Nutzungsverhältnis der Futtermittel im Vergleich zum Nutzungsverhältnisse des Roggens zu Grunde und bestimmt danach den Geldwert. Er ist der erste landwirtschaftliche Schriftsteller, der sich des Weiteren über die Geldwertsberechnung der Futtermittel auslässt, so dass seine Betrachtungen wohl kurz zu berücksichtigen sein werden. Nachdem er über die Methode mit Heuwerten zu arbeiten, kurz gesprochen und besonders auf die Ungenauigkeit des Begriffs „Heu von mittlerer Güte" hingewiesen hat, empfiehlt er die Benutzung der Roggenpreise, die auch deswegen dem Heu vorzuziehen seien, weil dieses nur ausnahmsweise in geringen Mengen verkauft, keinen Marktpreis habe. Kleemann wendet sich dann gegen die von einigen landwirtschaftlichen Schriftstellern empfohlene Methode, für die in der Wirtschaft erzeugten und wieder verbrauchten

---

1) Vorher existieren nur Schätzungen.

2) Vergl.: Block, Resultate der Versuche über Erzeugung und Gewinnung des Düngers u. s. w. Berlin 1823.

3) Vergl.: Kleemann, landwirtschaftliche doppelte Buchführung. Sondershausen 1840.

Geldwertstabelle nach Blocks Angaben.

Nummer	Nach vorstehender Wertsvergleichung haben nachstehende Prodnkte folgenden Geldwert:	Gewicht der Produkte. Preuss. Pfund	Angenommmen, dass ein preussischer Scheffel Roggen mit: 1 Reichsthaler			$1^1/_2$ Reichsthaler			2 Reichsthaler			$2^1/_2$ Reichsthaler			3 Reichsthaler bezahlt wird, so haben nachstehende Produkte folgenden ökonomischen Wert:		
			Rthlr.	sgr.	pf.	Rthlr.	sgr.	pf.	Rthlr.	sgr.	pf.	Rthlr.	sgr.	pf.	Rthlr.	sgr.	pf.
1	Ein preussischer Scheffel Roggen	83	1			1	15		2			2	15		3		
2	Ein preuss. Scheff. Winterweizen (gelb.), $^4/_5$ Pfd. Weizen haben d. Wert, den 1 Pfd. Roggen hat	92	1	11	6	2	2	3	2	23		3	19	3	4	4	6
6	Ein preuss. Scheff. gute Roggenkleie, $1^{13}/_{50}$ Pfd. Kleie haben d. Wert, den 1 Pfd. Roggen hat	38		10	11		16	$4^1/_2$		21	10		27	$3^1/_2$	1	2	9
7	Ein preuss. Scheff. Oelkuchenmehl von Leinsamen, $1^9/_{59}$ Pfd. Oelkuchen haben den Wert, den 1 Pfd. Roggen hat	78		23	11	1	5	$10^1/_2$	1	17	10	1	29	$9^1/_2$	2	11	9
27	Ein Centner gewöhnl., gutes Wiesenheu, 3 Pfd. haben den Wert, den 1 Pfd. Roggen hat	110		13	3		19	$10^1/_2$		26	6	1	3	$1^1/_2$	1	9	9
29	Ein Centner gewöhnl., gutes Wiesengrummet, $3^1/_4$ Pfd. haben d. Wert, den 1 Pfd. Roggen hat	110		12	3		18	$4^1/_2$		24	6	1		$7^1/_2$	1	6	9
39	Ein Centner gutes Weizen- oder Roggenstroh, 6 Pfd. haben den Wert, den 1 Pfd. Roggen hat	110		6	$7^1/_2$		9	$11^1/_4$		13	3		16	$6^3/_4$		19	$10^1/_2$
58	Ein Centner Runkelrüben bei $87^1/_2$ p. C. Fruchtigkeit, 11 Pfd. haben den Wert, den 1 Pfd. Roggen hat	110		3	$7^1/_2$		5	$5^1/_4$		7	3		9	$^3/_4$		10	$10^1/_2$
62	Ein Centner Runkelrüben oder Kopfkohlblätter im saftreichen Zustande, 17 Pfd. haben den Wert, den 1 Pfd. Roggen hat	110		2	4		3	6		4	8		5	10		7	

marktlosen Produkte einen konstanten, billigen Preis einzusetzen.
Er weist darauf hin, dass bei diesem Verfahren leicht eine grosse
Preisdifferenz zwischen eventuell verfüttertem Getreide und den
mit festem Preis berechneten Produkten entstehen könnte. Auch
ist seiner Meinung nach eine willkürliche Preisannahme eine sehr
unsichere Sache, die leicht einen falschen Abschluss eines Konto
herbeiführen kann. Weiter bespricht Kleemann folgenden Versuch, zu einer richtigen Geldwertsberechnung der Futtermittel zu
gelangen. Es wird danach das Futter dem Vieh zu Marktpreisen
zur Last geschrieben und das Defizit der Viehzucht als Wert des
entstandenen Mistes gerechnet. Er sagt dazu: „Nicht allein, dass
die Annahme der Marktpreise von Gegenständen, welche, wie die
Futtermittel, eigentlich keine Marktwaren sind, viel Schwankendes
hat, so kann auch bei dieser Methode der Mist einen unverhält-
nismässig hohen Preis erhalten, oder beinahe gar nichts kosten,
je nachdem die Preise der Fütterung sich zu dem der Viehprodukte verhalten. Diese Methode kann daher nicht empfehlens-
wert erscheinen."

Das eben erwähnte Verfahren gewissermassen umgekehrt,
so dass man für den Mist einen festen Preis annimmt und dem
Futter den Geldwert beilegt, zu dem es sich durch die Viehhaltung verwertet, scheint Kleemann auch trotz einiger Vorzüge
nicht anwendbar. So wünschenswert es nach seiner Meinung ist,
dass das Futter nur zu dem Preise in Ansatz kommt, zu dem es
wirklich genutzt ist, so sind doch andrerseits die Fehler der Methode zu gross, als dass sie in Frage kommen könnte. Als Fehler
führt Kleemann, meiner Ansicht nach mit Recht, besonders an:
Die Repartition der erhaltenen Futtermittelwertsumme ist höchst
umständlich. Soll jedes Futtermittel individuell in seiner verschiedenen Einwirkung auf Ernährung und Mistproduktion berücksichtigt werden, so wird sie noch umständlicher, oder ganz
unmöglich. Dass auch die Bewertung des Mistes, die notwen-
digerweise geschehen muss, ihre grossen Schwierigkeiten hat,
führt Kleemann nicht an.

Wir sehen so bei Kleemann schon einen grossen Teil der
bis heut für die Geldwertsberechnung der Futtermittel üblichen
Methoden angeführt und behandelt. Nach dem damaligen Stande
der Wissenschaft [1]) hat er in ganz hervorragend kurzer und klarer

---

t) Im selben Jahre erst, 1840, veröffentlichte Liebig seine Entdeckungen.

Weise die Fehler der anderen Berechnungsarten, wie er sie erkannte, dargelegt, und ist bei der stehen geblieben, die damals entschieden am meisten Anrecht auf Beachtung hatte. Ich erwähne noch, dass **Koppe** ebenfalls zur Geldwertberechnung der Futtermiftel den Roggenpreis zu Grunde legt [1]), ebenso **Hlubek** [2]).

Ich hielt es nicht für angebracht, näher auf die Ansichten der erwähnten älteren Schriftsteller einzugehen. So beachtenswert sie für ihre Zeit sein mochten, für die jetzige Landwirtschaft haben sie lediglich noch geschichtliches Interesse. Die Basis, auf der sie gegründet waren, die Heu- beziehungsweise Roggenwertstheorie, ist gefallen. Was sich von dieser loslösen liess, ist von andern landwirtschaftlichen Schriftstellern aufgenommen und verwendet worden, wird also später eingehende Berücksichtigung und Würdigung finden. Es wird genügen, wenn ich meine Kritik über die sämmtlichen Geldwertberechnungsmethoden von Thaer, Pabst, Weckherlin [3]), von Block, Kleemann und Koppe und manchen Anderen, die ähnliche Wege gingen, in folgenden Worten zusammenfasse: „Sie gingen von einer Grundlage aus, welche von der heutigen Wissenschaft als unhaltbar angesehen wird. Für den praktischen Landwirt sind ihre Methoden bezüglich der Geldwertsberechnung der Futtermittel daher nicht mehr zu berücksichtigen. Das gleiche gilt von **Thaer-Giessen**, der des alten Thaer's Heuwertstheorie noch als Preisskala für die innere Wirtschaft gebrauchen will, wenn er auch sonst schon zu neueren Anschauungen hinneigt [4]).

Ich schliesse hiermit den ersten Teil meiner Arbeit, welche nur den Zweck hatte, der geschichtlichen Bedeutung einiger älteren, landwirtschaftlichen Schriftsteller gerecht zu werden, soweit dies für unser Thema nötig war.

---

1) Vergl.: Koppe, Unterricht in Ackerbau und in der Viehzucht. I. Teil. 5. Auflage.

2) Vergl.: Hlubeck, Die Wirtschaftssysteme.

3) Soweit diese Schriftsteller nicht bei Heuwerten stehen blieben und von einer Berechnung in Geld überhaupt absahen.

4) Vergl.: Thaer-Giessen, System der Landwirtschaft.

II. Willkürliche Wertschätzung.

Ich wende mich hier einem Verfahren der Geldwertsberechnung zu, das eine „Berechnung" nicht in Wirklichkeit ist. — Diese willkürliche Geldwertschätzung ist wohl trotz ihrer hervorragenden Mängel noch weit verbreitet in der Landwirtschaft, besonders bei kleineren Besitzern, und bietet ja auch recht viel Bequemlichkeit. Auch dürfte sie ebenso alt oder älter sein, als die schon erwähnte Art der Geldwertberechnung nach Heuwerten. — Eine nähere Erklärung oder Erläuterung dieser willkürlichen Geldwertschätzung ist natürlich unnötig und unmöglich. Sie ist jetzt noch allverbreitet, wenn sie auch für grössere, gut geleitete Betriebe zurücktritt. Doch benutzt sie der Grossgrundbesitzer, der seine Rübenblätter morgenweise an Bauern verkauft, ebenso wie der Bauer selbst, der sie vor dem Kaufe bewertet. In sekundären Kauf- und Rechnungssachen, die für den Betrieb im grossen und ganzen ohne Einfluss sind, lässt sich gegen diese Art der Wertschätzung kein Einwand erheben. Denn in Kleinigkeiten, bei denen ein Irrtum im Wert ohne folgenschwere Bedeutung ist, treten ihre Vorzüge besonders hervor. So die Schnelligkeit, mit der ein Resultat erreicht wird, das Vermeiden zeitraubender, schriftlicher Berechnungen. — Trotzdem sollte stets davor gewarnt werden, ihre Benutzung zu weit auszudehnen, oder gar die durch Willkür erhaltenen Geldposten in die Rechnungsbücher einzuführen. Die Versuchung, ganz auf genauere und bessere Berechnungen zu verzichten, liegt besonders für den weniger ausgebildeten Landwirt zu nahe. Doch wird auch von landwirtschaftlichen Theoretikern eine solche willkürliche Wertsbestimmung empfohlen, so zum Beispiel von Birnbaum [1]). Dieser will einen Ansatz des Futterpreises nach Ermes sen. Scheint er unrichtig zu sein, so soll er wieder nach Ermessen abgeändert werden. Eine Kritik dieses Vorschlages scheint überflüssig zu sein.

Noch schädlicher als die wirkliche Aufstellung eigener Geldwerte, wobei doch noch in der Regel ein Teil der massgebenden Faktoren berücksichtigt wird, ist die Benutzung willkürlicher Schätzungen landwirtschaftlicher Autoritäten, sei es der Praxis, sei es der Wissenschaft. Es schätzt vielleicht ein hervorragender Landwirt für sein Gut den Centner Stroh auf eine Mark. So wenig eine derartige willkürliche Schätzung den heutigen Anforderungen entsprechen dürfte, so ist es doch möglich, dass ein tüchtiger Praktiker auf Grundlage seiner langjährigen Erfahrungen für sein Gut einen angemessenen Preis findet.

Wird dieser nun aber, wie es wohl noch geschieht, von den Landwirten der ganzen Gegend angenommen, findet dies ausserdem noch bei anderen marktlosen Futtermitteln statt, so können grosse Schädigungen dadurch entstehen.

Denn die Umstände, die für das eine Gut den Preis bedingten, werden sich kaum je auf einem anderen in ähnlicher Weise wiederfinden. Vielmehr wird meist ein wesentlicher Unterschied in vielen Verhältnissen auch einen anderen Preis bedingen, und der Landwirt, der im blinden Glauben an seine Autorität die Zahlen derselben benutzt, zu seinem Schaden einsehen lernen, dass er mit Werten gerechnet hat, die seinen Verhältnissen nicht entsprechen. —

Von dem gleichen Gesichtspunkte sind natürlich auch die willkürlichen Schätzungen zu beurteilen, die sich in landwirtschaftlichen Schriften finden. Besonders früher, als man über die Grundlagen für den Wert der Futtermittel noch sehr wenig orientiert war, fanden sich neben den Heuwertsberechnungen vielfach direkte Angaben des Geldwerts eines Centners Heu, Stroh, Runkeln etc., die dann vielfach anstandslos und ohne Kritik benutzt wurden[2]). Zur Zeit ist nicht mehr zu befürchten, dass

---

1) Vergl.: Birnbaum, Landwirtschaftliche Taxationslehre, 1890. Vergl. auch Seite 47 und 38 dieser Arbeit.

2) Vergl. z. B.: Meisners Darstellung einer leichtfasslichen Methode der doppelten Buchhaltung, 1807. Ferner: Veit, Handbuch, Teil I. Beyer, Buchhaltung, und andere mehr.

derartige, unbewiesene Angaben von bedeutenderen landwirtschaftlichen Schriftstellern und Männern der Wissenschaft gemacht
werden. Doch in Rentabilitätsberechnungen, die von Praktikern
oder Landwirten minderer wissenschaftlicher Bildung gemacht
werden, finden sich nur zu oft noch Angaben, dass z. B. ein
Centner Runkeln zu 40 Pf., ein Centner Stroh zu 80 Pf. u. s. w.
gerechnet werde. Zahlen, die ohne Belege einen Wert nicht
besitzen.

Nach allem ist wohl klar, dass man soweit als irgend möglich von der willkürlichen Wertschätzung der Futtermittel absehen
muss, und dass man nur bei kleinsten Mengen und unter
Umständen, die einen weitgehenden Einfluss der betreffenden
Schätzung völlig ausschliessen, ihre Benutzung gestatten kann.
Von rein wissenschaftlichem Standpunkte aus dürfte die willkürliche Wertschätzung der Futtermittel überhaupt auszuschliessen sein.

III. Geldwertberechnung nach dem Marktpreis.

Mehrere landwirtschaftliche Schriftsteller der älteren und neueren Zeit raten dem Landwirt, die Preise, welche sich für die verschiedenen Futtermittel auf dem Markte ergeben, in der weitgehendsten Weise zu berücksichtigen. Ich nenne von diesen zuerst **Krämer** [1]). Er unterscheidet die landwirtschaftlichen Produkte, und damit also auch die Futtermittel in mehrere Gruppen, und nennt

I. Erzeugnisse, welche faktisch Gegenstände von Ein- und Verkaufsgeschäften bilden.

II. Erzeugnisse, welche in der Wirtschaft produziert und wieder in derselben verwendet werden, daher im Betriebe ohne Vermittelung der Kasse cirkulieren.

a) Die Erzeugnisse haben einen mehr oder weniger regelmässigen, kurrenten Marktpreis.

b) Die Erzeugnisse sind zwar an und für sich marktfähig, es kann aber für sie ein Verkehrspreis nicht ermittelt werden.

Für die der ersten Gruppe angehörigen Futtermittel, die also faktisch Gegenstände von Ein- und Verkaufsgeschäften bilden, will Krämer nur den wirklichen Ein- oder Verkaufspreis benutzt wissen mit der Modifikation, dass besonderer Aufwand für Beschaffung oder Verwertung den betreffenden Preisen zu- oder abgerechnet werde. Es soll also der Preis frei Hof, auch loco Hofpreis genannt, massgebend sein.

Hiergegen dürfte sich nichts einwenden lassen. Denn es handelt sich hier um thatsächlich eingenommene und ausbezahlte Summen, die mit Berücksichtigung der eventuellen Transport-

---

1) Vergl.: Krämer, Die Buchhaltung des Landwirts, 1881.

und sonstigen Kosten zu buchen sind. Die Benutzung der loco Hofpreise ist entschieden als ein Fortschritt zu betrachten, den sich leider noch lange nicht alle praktischen Landwirte zu eigen gemacht haben, obwohl er schon seit Jahren empfohlen wird. Von der zweiten Gruppe, den in der Wirtschaft erzeugten und wieder verwendeten Futtermitteln, berücksichtigen wir vorerst diejenigen, welche einen mehr oder weniger regelmässigen, kurrenten Verkehrspreis besitzen. Auch hier will Krämer den loco Hofpreis, also den entsprechend modifizierten Marktpreis angewendet wissen, und zwar berechnet am Tage der Einnahme beziehungsweise der Abgabe. Weiter sagt er wörtlich: „Diesem Verfahren sind alle Produkte zu unterwerfen, für welche jene Merkmale zutreffen, ohne Rücksicht auf das Verhältnis, in welchem die in der eigenen Wirtschaft verwendeten Mengen derselben zu denjenigen stehen, welche im Handel umgesetzt werden". Besonders kämen hier also in Betracht Rauhfuttermittel, Wurzel- und Knollengewächse. Bei diesem Punkte dürfte es kaum möglich sein, mit einer zustimmenden Erklärung weiter zu gehen, es stehen im Gegenteil der Benutzung des Marktpreises bei den in der Wirtschaft ohne Vermittelung der Kasse cirkulierenden Futtermitteln teilweise gewichtige Bedenken entgegen.

Es ist hier ein von Krämer nicht berücksichtigter Unterschied wichtig, nämlich der zwischen den marktfähigen und marktlosen Futtermitteln.

Da wir den Ausdrücken marktlos und marktfähig oder marktgängig in vorliegender Abhandlung noch häufiger begegnen werden, so glaube ich, sie näher definiren zu müssen. Nach „von der Goltz, Taxationslehre", nennen wir solche Produkte marktlos, „deren Hauptbestimmung es ist, in der Wirtschaft wieder verbraucht zu werden, und welche nicht in beliebigen Mengen zu jeder Zeit Absatz finden." Ich möchte zu dieser Definition noch einen Zusatz machen, und erhalte dann: Als marktlos sind solche Futtermittel zu bezeichnen, die in der Regel in der sie erzeugenden Wirtschaft wieder verbraucht werden. Auch dürfen sie nicht zu jeder Zeit in beliebigen Mengen auf dem Markte Absatz finden; ebenso muss das auf den Markt gebrachte Quantum nur einen geringen Teil der ganzen Produktion ausmachen. — Es sind als marktlos also namentlich Grünfutter, Rauhfutter, sowie die meisten Wurzelgewächse anzusehen. Weiter schliesse ich mich

ebenfalls von der Goltz an, wenn er sagt, dass bei manchen Erzeugnissen die örtlichen Verhältnisse zu entscheiden haben, ob
man Futtermittel zu den marktgängigen oder zu den marktlosen
zu rechnen habe, so z. B. manche Wurzelgewächse. — Marktgängig sind natürlich im Gegensatz zu den marktlosen diejenigen
Futtermittel [1]), welche hauptsächlich für die Verwendung auf dem
Markt produziert werden, wie Getreide und Hülsenfrüchte, von
denen also nur ein relativ geringer Teil in der erzeugenden Wirtschaft verwendet wird, und die auf dem Markt stets in beliebigen
Mengen verkäuflich sind.

Ich glaube, nach dieser Erklärung zu meinem Thema zurück-
kehren zu können, und ich wiederhole, dass Krämer den Unterschied zwischen marktlosen und marktfähigen Futtermitteln hier
nicht, wie es notwendig gewesen wäre, berücksichtigt hat. Es
ist sehr wohl Rücksicht zu nehmen auf das Verhältnis, in welchem die in der eigenen Wirtschaft verwendeten Mengen der
Futtermittel zu denjenigen stehen, welche im Handel umgesetzt
werden. Bei den Futtermitteln, die als marktgängig zu bezeichnen
sind, zum Beispiel den Getreidekörnern, ist gegen eine Verwendung des Marktpreises, im besonderen des loco Hofpreises, nichts
zu sagen. Man kann ihn unbesorgt in die Bücher einführen [2]).
Lediglich über die Zweckmässigkeit der Berechnung dieses Marktpreises nach dem Tage der Einnahme oder Abgabe ist noch zu
sprechen.

Gegen die Benutzung der Marktpreise und damit auch der
Tagespreise für die marktlosen Futtermittel erheben sich allerdings gewichtige Bedenken. Doch über die Berechtigung einer
Benutzung der Marktpreise für marktlose Futtermittel überhaupt
später. Ich will vorläufig nur über die Zweckmässigkeit der Tagespreise für die Futterrechnungen sprechen.

Manche namhaften Schriftsteller auf vorliegendem Gebiet
sprechen sich gegen die Berücksichtigung der täglichen Preisschwankungen aus und befürworten Durchschnittspreise. So von

---

1) Es möge entschuldigt werden, dass Getreide und Hülsenfrüchte, sowie andere
Produkte, hier stets nur als „Futtermittel" erwähnt werden, was ihrer Hauptbenutzung
ja nicht entspricht. Doch sind sie für vorliegende Abhandlung nur wegen ihrer Eigenschaft als Futtermittel wichtig.

2) Vergl. auch die Angaben über die für marktgängige Futtermittel einzusetzenden Geldwerte auf Seite 154 dieser Arbeit.

der Goltz[1]), so besonders des längeren Drechsler[2]). Dieser vertritt für den Punkt etwa die folgenden Ansichten.

Es ist, wenn man Marktpreise bezw. loco Hofmarktpreise benutzen will, dem ersten Anscheine nach nicht nur konsequent,
sondern auch bequem, bei allen Notirungen den täglichen Schwankungen der Preise folgen. Doch giebt es hier zwei verschiedene
Anwendungsarten. Die eine, welche das Prinzip der Benutzung
der Tagespreise weniger verfolgt, belastet das Viehkonto täglich
mit dem verbrauchten Heu zu Tagespreisen. Am Schluss des
Jahres geben die addierten Werte die Summe, welche als Geld-
ertrag der Wiesen zu betrachten wäre. Die Bezahlung der Wiesen
für ihr Heu findet hierbei nach einem Durchschnittspreise statt.
Will man aber, wie Krämer, die Rechnung möglichst ausschliesslich mit Tagespreisen ausführen, so muss das Vorratskonto zur
Zeit der Ernte den Wiesen das Heu zu Tagespreisen abkaufen,
und es wieder alltäglich zu Tagespreisen an das Vieh abgeben.
Es ergiebt sich dann, da nur selten und zufällig die Kaufpreise
den Abgabepreisen gleich sein werden, eine Differenz, die einen
Gewinn oder Verlust des Vorratskonto darstellt. Nach Krämer
kann man an dieser Differenz die zweckmässige Benutzung der
Konjunktur, oder einen Misserfolg dabei erkennen, und daraus
für die Zukunft entnehmen, ob man nicht durch Verkauf des Heues,
statt durch Verfütterung an das Vieh mehr erreicht hätte. — Dagegen wendet sich nun Drechsler[3]) in längerer Auseinandersetzung
und führt etwa folgendes aus:

Krämers Anschauung, dass durch die Benutzung der Tagesmarktpreise ein Massstab für den Erfolg in der Benutzung der
Konjunktur erhalten werde, — und zwar in der Differenz beim
Heukonto, — ist nur dann zu berücksichtigen, wenn zwei Umstände eintreffen. Es muss dazu I. der Landwirt die in den Tagespreisen sich ausdrückende Konjunktur, überhaupt jede Konjunktur zu jeder Zeit benutzen können; II. der Abschluss des
betreffenden Vorratskontos den eventuellen Gewinn- oder Verlust richtig nachweisen.

1) Vergl.: von der Goltz, Taxationslehre.
2) Vergl.: Journal für Landwirtschaft, 1882. Drechsler, Untersuchungen auf
dem Gebiete der landwirtschaftlichen Betriebslehre.
3) Drechsler im Journal 1882. Vergl. Seite 117 dieser Abhandlung, die Anmerkung.

In einer näheren Untersuchung beider Punkte kommt nun
Drechsler zu folgenden Ergebnissen. Zunächst hält er, bei der
Mannigfaltigkeit der verschiedenen Naturalien und Preise, die
noch dazu täglich ermittelt werden müssen, das Verfahren für zu
umständlich. Doch ganz abgesehen hiervon kommt er auch sonst
infolge eingehender Berücksichtigung der beiden fraglichen Punkte
zu einer ablehnenden Stellung. Besonders wendet er sich gegen
die Behauptung, dass überhaupt ein Landwirt jede Tageskonjunktur zu jeder Zeit ausnutzen könne. Er zeigt, dass die Heuverkauf treibenden Wirtschaften zwar das für den Markt bestimmte
Futter unter Benutzung der Tageskonjunkturen absetzen könnten,
eventuell auch noch einen Teil des für die eigene Wirtschaft
bestimmten, soweit es durch Surrogate ersetzbar ist. Ein bedeutender Teil der betreffenden Futtermittel aber entzieht sich auch
hier der Verwendung durch Verkauf, da er gemäss der Wirtschaftsorganisation notwendig ist, und letztere nicht einer mo-
mentan günstigen Konjunktur wegen umgestossen werden kann.
Noch einschneidender gestalten sich die Verhältnisse in den gewöhnlich keinen Heuverkauf treibenden Wirtschaften, die mit
Ausnahme weniger Gegenden in Deutschland die weitaus über-
wiegende Mehrheit bilden. Hier ist eine Benutzung der augen-
blicklichen Konjunkturen im grösseren Massstabe völlig ausgeschlossen, da eine plötzliche Umgestaltung der Wirtschaft ein zu
grosses Risiko mit sich bringen und auch dann noch eine zu
lange Zeit erfordern würde. Erscheint ein Futterverkauf möglich
und angemessen, und wird die Wirtschaft dementsprechend umgestaltet, so kommen hierbei auch nicht die Tagespreise in Betracht, sondern man wird zu überlegen haben, ob die Durchschnittspreise mehrerer Jahre diesen Schritt erlauben. — Drechsler
kommt also bezüglich des ersten Punktes, die beliebige Ausnutzung jeder Tageskonjunktur, zu dem Schlusse, dass sie nur
für die thatsächlich stets zum Markt gebrachten Futtermittel
möglich ist. Für die in der Wirtschaft umlaufenden nur, soweit
sich ausreichende Surrogate beschaffen lassen. Der Spielraum
der Spekulation für die nicht regelmässig zu Markte gebrachten
Futtermittel ist also ein sehr kleiner, und es ist nicht gerechtfertigt, dieses Bruchteils wegen Tagespreise in die Rechnung einzuführen. Denn auch in der eventuell anzuziehenden, freien Wirtschaft können Tageskonjunkturen nicht berücksichtigt werden.

Was den zweiten Punkt anlangt, so kommt Drechsler auch hier zu einem negativen Resultat. Denn, dass der Abschluss des betreffenden Vorratskontos den durch eventuell verfehlte Spekulation entstandenen Verlust richtig nachweist, trifft seiner Ansicht nach nicht zu. Es würde uns zu weit führen, wollten wir auch diese Ausführungen genauer schildern. Wir müssen zwar bemerken, dass wir ihnen nicht durchgängig zustimmen können, doch kommt dies wenig in Betracht, da für unsere Beurteilung der Sache schon der wohl ausreichend behandelte Punkt I genügt. Wir kommen also zur Kritik der Frage, ob es zu empfehlen ist, mit Krämer Tagesmarktpreise in die Futterrechnungen einzuführen.

Drechsler hat leider bei seiner Behandlung der Sache, ebenso wie Krämer, keine Rücksicht darauf genommen, ob es sich hier um marktgängige oder marktlose Futtermittel handelt [1]), was doch schon der Klarheit wegen von Bedeutung ist. Wir aber glauben es thun zu müssen und entscheiden so:

Bei der Ansetzung der Preise marktgängiger, in der Wirtschaft erzeugter und verbrauchter Futtermittel, sind, wie schon vorher gesagt, die Marktpreise zu verwenden. Doch ist von Benutzung täglicher Preise abzusehen, und zwar aus folgenden Gründen:

1. Es ist schwer, wenn nicht unmöglich für den Mann der Praxis, täglich sich für seinen Betrieb massgebende Tagespreise zu verschaffen, sowie diese täglich zu verrechnen.

2. Es können aus Tagespreisen nicht Schlüsse beziehentlich eines Betriebsfehlers oder einer eventuellen Umgestaltung der Wirtschaft gezogen werden. Dies ist nur angängig bei Benutzung der Durchschnittspreise längerer Zeiträume.

3. Bei einer Abgabe der marktgängigen Futtermittel zu Tagespreisen kommen andauernd ganze Perioden, so z. B. die Zeit des Grünfutters, meist entweder gar nicht, oder nur in sehr geringem Masse in Betracht, obwohl auch die Preise während dieser Zeit für eine eventuelle Aenderung im Betriebe, z. B. einen vermehrten Verkauf dieser marktgängigen, bisher in der Wirtschaft verbrauchten Futtermittel, von Bedeutung sein können.

Von einer Befolgung der Methode Krämers wäre also bezüglich der marktgängigen, in der eigenen Wirtschaft verbrauch-

1) Sonst kennt Drechsler diesen Unterschied wohl, und nimmt sogar 3 Klassen an: marktgängige, marktfähige und marktlose Futtermittel.

ten Futtermittel abzusehen. Was die Benutzung der Tagesmarktpreise für die marktlosen Futtermittel anlangt, so scheint es
mir notwendig zu sein, doch erst zu entscheiden, ob für solche
überhaupt Marktpreise, seien es die eines jeden Tages, oder Durchschnittspreise. anzuwenden sind. Müssen wir hier vom Gebrauch
der Marktpreise überhaupt Abstand nehmen, so kann uns die
Frage: Tagespreise oder Durchschnitt, gleichgiltig sein. —
Präzisieren wir Krämers Anschauungen noch einmal, so
behauptet er: Es müssen bei Erzeugnissen, die einen mehr
oder weniger kurrenten Verkehrspreis besitzen, die modifizierten
Marktpreise (loco Hofpreise) verwendet werden, gleichgiltig, in
welchem Mengenverhältnis die in der Wirtschaft verbrauchten
Futtermittel zu den im Handel befindlichen stehen. — Für marktgängige Futtermittel war die Entscheidung schon getroffen
worden, es handelt sich also nur um marktlose.

Bezüglich der Benutzung des Marktpreises für marktlose
Produkte behauptet von der Goltz, dass derselbe mit dem landwirtschaftlichen Gebrauchswert sich nicht in Uebereinstimmung
befinde. Dies kommt daher, dass die marktlosen Futtermittel von
dem Landwirt nicht des Absatzes wegen produziert werden, sondern weil der Landwirt sie in der eigenen Wirtschaft verwenden
will und muss. Produktion und teilweise auch Angebot richten
sich nicht nach der Nachfrage. Da die Abnehmer des für gewöhnlich zu Markte gebrachten Quantums marktloser Futtermittel
teils aus Gründen des Luxus, teils der einträglichen Gewerbe
wegen leicht bereit sind, bei dem geringen Angebot einen relativ
hohen Preis zu zahlen, so haben die betreffenden Futtermittel in
der Regel auf dem Markte einen höheren Preis, als ihrem landwirtschaftlichen Gebrauchswert — unter Berücksichtigung der
Transportkosten — entspricht.

Der geringen und schwankenden Nachfrage, wie des dadurch entstehenden grossen Risikos wegen ist der Landwirt in
der Regel nicht in der Lage, diesen Vorteil genügend auszu-
nutzen. Denn sobald das Angebot von Rauhfutter an einem
Orte stark steigt, fällt der Preis entsprechend. Aus dieser Dar-
legung ergiebt sich, dass man bei der Berechnung der marktlosen Futtermittel in Geld nicht die Marktpreise für dieselben zu
Grunde legen darf. — Soweit von der Goltz [1]).

---

[1]) Vergl.: von der Goltz, Taxationslehre. 2. Aufl.

Er ist also entschieden gegen die Benutzung der Marktpreise bei marktlosen Futtermitteln [1]). Denn wenn er nachher eine,
übrigens nur unbedeutende Einschränkung macht und sagt: eine
Benutzung der Marktpreise hierbei „kann nur in sehr wenigen
Ausnahmefällen geschehen, in denen wirklich ein Landwirt dauernd sein ganzes Erzeugnis eines marktlosen Produktes zu den
bisher üblich gewesenen Marktpreisen verkaufen könnte", so
widerspricht der Thatbestand hier dem Begriff „marktlos", und
wir haben es mit einem marktgängigen Futtermittel zu thun,
für das dann andere Regeln gelten. — Drechsler, der schon zur
Bewertung der Krämerschen Ansichten herangezogen wurde,
äussert sich [2]) ebenfalls über diesen Punkt, indem er dabei Bezug
auf eine Beurteilung der von' der Goltzschen Ansichten durch
Krämer nimmt. Dieser behauptet nämlich, dass von der Goltz'
Anschauung falsch sei, und der Grund des geringen Angebots
von marktlosen Futtermitteln lediglich darin liege, dass die Verwertung in der eigenen Wirtschaft einen höheren Erlös gewährt
als der Umsatz zum Marktpreise. — Dazu sagt Drechsler sehr
richtig, dass bei Ansatz der Marktpreise, bezw. loco Hofpreise,
für die marktlosen Futtermittel sich wohl in den meisten deutschen
Wirtschaften ein Defizit herausstellen würde. Von einer noch
höheren Verwertung als zum Marktpreise kann natürlich gar keine
Rede sein. Drechsler weist auch die Unrichtigkeit einer Berechnung von Krämer nach, des weiteren legt er dar, dass bei den
hohen Marktpreisen vieler marktloser Futtermittel, so zum Beispiel des Heues, sich die Pacht- und Kaufpreise für Wiesenland
sicher schon bedeutend gesteigert hätten, wenn es möglich wäre,
das Heu in der Wirtschaft ebenso hoch oder höher zu verwerten,
wie auf dem Markt. Endlich erinnert er daran, dass, wenn man
sich ganz auf kaufmännischen Standpunkt stellen und die vorliegenden Marktpreise unbekümmert darum, wie sie sich gestalten
könnten, benutzen wolle, man auch in anderer Beziehung konsequent sein und kaufmännisch handeln müsse. Der Handel mit
marktlosen Futtermitteln auf dem Markte ist im Vergleich mit
dem Verkehr marktloser Futtermittel in den Einzelwirtschaften
ein Detailhandel; die Preise, welche bei ihm gelten, würden nicht

---

1) Aehnlich auch Krafft in seiner Betriebslehre u. a. m.
2) Vergl.: Drechsler, Untersuchungen auf dem Gebiete der landwirtschaftlichen
Betriebslehre. Journal für Landwirtschaft, 1882.

bei sich frei gegenüberstehenden Grosskonsumenten und Gross-
produzenten, wie es Wiese und Ackerbau und Viehzucht sind,
zu zahlen sein. Denn durch die Sicherheit eines grossen und
zahlungsfähigen Abnehmers tritt eine Verminderung des Risikos
ein, welche ein Opfer erheischt. Es würde dem Generalabnehmer
also ein Rabatt zu bewilligen sein, der selbstverständlich zu
anderen als den (Detail-) Marktpreisen führen müsste.

Gegen die Anwendung der Krämerschen Methode, oder überhaupt gegen die Benutzung der Marktpreise für die marktlosen
Futtermittel, spricht sich auch noch Hartstein[1], Blomeyer[2] Liebscher[3], auch der Graf zur Lippe[4] und manch anderer aus. Darüber, dass wir bei all den oben erwähnten Futtermitteln nicht
den Marktpreis annehmen können, ist wohl kaum ein Wort zu
verlieren.

Die wenigen Mengen Heu, Kohlrüben u. s. w., die in der
That auf dem Markte feilgeboten und verkauft werden, können
mit ihrem Marktpreise nicht der Massstab für all jene grossen
Massen derselben Futtermittel sein, welche die Güter selbst kon-
sumieren. Jener Marktpreis bezieht sich lediglich auf die geringe
Menge, die wirklich feilgeboten wird, nicht aber auf die im
Ganzen produzierte.

Doch die angeführten Autoren mögen genügen. Wir werden
ihnen und ihren Anschauungen, sowie noch manchen anderen
Ansichten, die teilweise für, teilweise gegen die Verwendung der
Marktpreise für marktlose Futtermittel sind, in dieser Abhandlung
noch begegnen, und glauben nun berechtigt zu sein, unser eigenes
Urteil abzugeben.

Die Benutzung der Marktpreise für die Geldrechnung mit
marktlosen Futtermitteln ist keinesfalls zu empfehlen. Denn weder
ist der Markt fähig, jederzeit die gesamte, oder auch nur über-
wiegende Produktion an denselben zu den bislang vorhandenen

---

1) Vergl.: Anleitung zur landwirtschaftlichen Rechnungsführung, von Hartstein.
Bonn 1851.

2) Vergl.: Blomeyer, Mitteilungen des landwirtschaftlichen Instituts der Universität Leipzig. I. 1875.

3) Vergl.: Liebscher, Die Wertschätzung der in der Landwirtschaft erzeugten
und wieder verbrauchten Produkte. Journal für Landwirtschaft, 1884.

4) Vergl.: Graf zur Lippe-Weissenfels, Der landwirtschaftliche Ertragsanschlag.
Leipzig 1862.

Marktpreisen aufzunehmen, noch ist der Landwirt in der Lage, jederzeit bei einer günstigen Konjunktur seine gesamte Produktion an marktlosen Futtermitteln an den Markt zu bringen, und so die Marktpreise in seinem Interesse zu realisieren.

Wir dürften hiermit die Methode Krämers erledigt haben, denn wenn für marktlose Futtermittel, die hin und wieder auf dem Markt gehandelt werden und so einen mehr oder weniger regelmässigen, kurrenten Verkehrspreis haben, die Marktpreise nicht zu verwenden sind, so werden sie noch viel weniger am Platze sein, wenn der Fall b) der Krämerschen Einteilung eintritt, wenn also ein kurrenter Verkehrspreis für die Futtermittel überhaupt fehlt.

Das Urteil über andere Berechnungsversuche, das Krämer seinen Vorschlägen anschliesst, und das auch teilweise oben schon erwähnt ist, werden wir eventuell bei diesen zu berücksichtigen haben.

Im anderen Sinne als Krämer, doch in Anlehnung an die Benutzung der Marktpreise, spricht sich **Howard**[1]) aus. Dieser giebt in einem teilweise recht beachtenswerten kleinen Buch zuvörderst einen geschichtlichen Ueberblick über die verschiedenen Versuche der landwirtschaftlichen Buchführung, dann eine Kritik der bestehenden Methoden derselben. Darauf macht er Reformvorschläge, und hierbei kommt er zur Geldwertsberechnung wie anderer Produkte, so auch der Futtermittel.

Es giebt nach Howard viele Dinge in der Landwirtschaft, so fast alle Futterpflanzen, Schlempe, in vielen Fällen auch Stroh u. s. w., für die keine Marktpreise existieren, für die man aber solche finden muss. — Als brauchbaren Marktpreis nimmt Howard stets nur den loco Hofpreis an, indem er sich auf von Thünen beruft. Des weiteren vertritt er nun folgende Ansicht.

Die Marktpreise sind, wo sie sich uns nicht darbieten, also bei Grünfutter und ähnlichen Dingen, derartig zu ermitteln, dass der Landwirt sich fragt, wieviel er für das betreffende Futtermittel zahlen würde, wenn es ihm zum Kauf angeboten worden wäre. So erhält Howard für alle marktlosen Futtermittel Markt-

---

1) Vergl.: Howard, landwirtschaftliche Rentabilitätsberechnungen. Ferner: Howard, Was vermag eine gute Buchführung dem Landwirte zu lehren. Frühlings landwirtschaftliche Zeitung, Jahrgang 1898.

preise, die er zur Unterscheidung von den „wirklich vorhandenen Marktpreisen" als Verkaufspreise bezeichnet[1]). Doch nicht diese Preise allein will Howard berücksichtigt wissen. Denn sowohl bei den wirklichen, wie bei den so gefundenen Marktpreisen tritt an uns die Frage heran: Können wir es wagen, zu kaufen, oder nicht. Und eventuell wird uns dann bei einem Kauf der Jahresabschluss zeigen, dass wir zu teuer erworben haben. Besonders aber würden Unzuträglichkeiten eintreten, wenn bei Dingen, die gekauft, beziehungsweise von der anderen Seite verkauft werden müssen (wie es ja im landwirtschaftlichen Betrieb vielfach von einem Konto zum anderen der Fall ist), wenn hier also nur die einseitige Schätzung und Ueberlegung des Käufers den Preis bestimmen sollte. Es muss daher eine untere Grenze festgestellt werden, unter welcher der Verkäufer (im allgemeinen) nicht abgeben wird, und das sind seine Produktionskosten. Diese zu finden ist nicht leicht, da Spannviehkosten, Futterkosten, Düngerkosten einen geschlossenen Ring bilden, dessen Glieder nur bei Kenntnis der anderen zu ermitteln sind. „Es giebt nur einen Weg, aus dieser verzweifelten Verlegenheit herauszukommen, nämlich einen angenommenen Wert, der mit der grössesten Wahrscheinlichkeit der Wahrheit am nächsten kommt, da einzuführen, wo eine kleine Abweichung von der Richtigkeit nur den geringsten Nachteil verursachen kann." Die Zuverlässigkeit der Rechnung wird nach Howard hierdurch nicht tangiert, ausserdem wird der prinzipielle Fehler dabei von Jahr zu Jahr kleiner werden und schliesslich ganz verschwinden. Um gleich zu Anfang die betreffende Fehlerquelle möglichst gering zu machen, sucht Howard den einzuführenden Wert durch Vorberechnungen möglichst genau zu ermitteln. Näher auf diese einzugehen, dürfte zu weit führen. Doch soll darauf hingewiesen sein, dass ein angenommener Wert in die Rechnung eingeführt wird, mag man ihn durch Berechnungen auch möglichst wahrscheinlich zu gestalten suchen. Und auch diese Berechnungen fussen nicht auf ganz sicherem Boden, sondern es wird hierbei ein Posten, der Administrationsanteil, zunächst taxiert, ferner Futter und Streustroh auch zu den bei der Inventur-

---

1) Ich bitte zu beachten, dass hier zum ersten Mal in Howards Berechnungsart sich eine Schätzung oder eine gutachtliche Bestimmung findet und zwar vom grössten Umfang.

aufnahme benutzten Taxpreisen eingesetzt. Endlich ergiebt die Rechnung der Hülfstabellen nicht etwa den einzuführenden Wert, in diesem Falle den Wert des Pferdetages, allein, sondern den Gesamtwert von Pferdetag und erzeugtem Mist, der dann in einer entschieden willkürlichen Weise verteilt wird. Doch wir kommen noch später auf diese Unsicherheit der Berechnung zurück. Um die Schilderung von Howards Methode zu Ende zu bringen, erinnern wir uns, dass er die in eigenartiger Weise gefundenen Produktionskosten der Futtermittel als untere Grenze des Geldwertes betrachtet. — Glaubt nun der Wirtschafter, die ermittelten Produktionskosten seien für das betreffende Futtermittel ein zu geringer Preis, so erhöht er ihn nach Gutdünken[1]), jedoch nicht über den Markt-(Verkehrs-)Preis, d. h. über den Preis, den er selbst eventuell einem anderen dafür zahlen würde. Glaubt andererseits der Wirtschafter, die ermittelten Produktionskosten seien ein zu hoher Betrag für die Futterstoffe, so bleibt ihm nichts übrig, als künftig seine Produktionskosten zu verringern, oder auf den Anbau des betreffenden Futtermittels zu verzichten. —

Der in die Wirtschaftsbücher eingetragene Wert der Futtermittel dürfte also stets zwischen Produktionskostenbetrag und Verkehrspreis (bezw. Marktpreis) schwanken, und diese Schwankungen würden vom Gutachten des Landwirts, beziehungsweise von den aus seinen Büchern erhaltenen Aufschlüssen über die Zweckmässigkeit seiner Ansätze, abhängen.

Liebscher, der im Journal für Landwirtschaft von 1884[2]) über Howards Methode spricht, rühmt als Vorzug an ihr, dass sie den Buchhalter nötigt, sich nicht auf eine einfache Schablone zu verlassen, die eventuell für seine Wirtschaft des Wertes entbehrt. Wenn Liebscher aber sagt, sie werde: „dem Landwirte, der dieselbe anwendet, und sich immer bewusst bleibt, dass er selbst den einzelnen Konten befohlen hat: „„Du verzeichnest Dir den Gewinn x, Du den Gewinn y, Du den Verlust z, u. s. w.““", sehr viel nützen", so muss dies bezweifelt werden. Uebrigens empfielt auch Liebscher die Methode weiter nicht, sondern meint, man müsse nach einer anderen streben, da diese der Willkür wohl Zügel anlege, sie aber nicht beseitige.

---

1) Wieder eine sehr wesentliche Bestimmung nach Gutdünken.

2) Die Wertschätzung der in der Landwirtschaft erzeugten und wieder verbrauchten Produkte.

Howards Methode leidet zunächst an dem Fehler, dass sie als höchste, aber erreichbare Grenze des Futtermittel-Geldwertes den Marktpreis beziehungsweise Verkehrspreis ansetzt. Ueber die Unbrauchbarkeit der Marktpreise zur Bewertung der in der Wirtschaft umlaufenden, marktlosen Futtermittel ist schon bei Behandlung von Krämer das Nötige gesagt worden. Auch wenn sie nur wie in diesem Falle als Maximalgrenze gelten sollen, bis zu welcher der Landwirt in seiner gutachtlichen Bewertung gehen darf, so ist ihre Verwendung trotzdem zu verwerfen. Denn bei dem geringen Zusammenhang und den wenigen Beziehungen, welche die Marktpreise mit dem wirtschaftlichen Wert der marktlosen Futtermittel für das Landgut verknüpfen[1]), ist der Marktpreis nicht als geeignete Grenze anzusehen, bis zu der eine nicht auf Rechnungsfakte gegründete Schätzung gehen darf. Die teilweise an Stelle der thatsächlichen Marktpreise eintretenden „Verkehrspreise" Howards sind lediglich durch Schätzung jedes Einzelnen zu bestimmen. Sie zur Schranke der nachher abermals von demselben Landwirt zu machenden Schätzungen einsetzen zu wollen, erscheint wirklich unnötig.

Was die Produktionsberechnung Howards anlangt, so leidet sie an der Willkür, dass plötzlich für einen Gegenstand fingierte Preise eingesetzt werden, die selbst wieder durch Rechnungen mit teilweise fingierten Preisen, wie schon vorher erwähnt, erhalten würden. Ohne näher auf die Berechtigung einzugehen, die Produktionskosten[2]) als untere Grenzwerte der Geldwertsberechnung der Futtermittel anzusehen, dürfen wir eine auf so unsicheren Grundlagen ruhende Produktionskostenberechnung zurückweisen. Wäre sie aber auch anzunehmen, die zwischen beiden Grenzwerten taxweise zu bestimmende Wertszahl zeigt uns den hauptsächlichsten Mangel, an dem die Howardsche Rechnung krankt. Es ist zuviel der freien Schätzung des Einzelnen überlassen. Dass man diese nicht ganz entbehren kann, ist ja klar. Man sollte sie aber nur für derartige Dinge heranziehen, über die durch die Wissenschaft kein spezielles Urteil gefällt werden kann, da lokale Verhältnisse zu bedeutend einwirken. Howard aber lässt den Verkehrspreis abschätzen, bestimmt den

---

1) Vergl. Seite 17 dieser Arbeit.
2) Vergl. hierüber Seite 39 und folgende dieser Arbeit.

Produktionswert mit Hülfe verschiedener, ausserordentlich in die wirtschaftlichen Verhältnisse eingreifender Schätzungen, wir erinnern nur an die schätzungsweise Verteilung der Kosten auf Pferdetag und Mist. — Dann schätzt er zwischen den beiden Grenzwerten einen angemessenen Mittelwert. — Wenn nun dieser in einem Jahre zu hoch angenommen schien, wer garantiert denn, dass er es wirklich war? Wenn der nach Howard rechnende Besitzer in einem Betriebe ein Defizit erhält, so muss er fragen, ob dies eine Folge falscher Wertschätzung der Futtermittel, oder eine Folge von Betriebsfehlern war. Eine Antwort fehlt, beziehentlich, ist dem Gutdünken des Landwirts überlassen, und der Zweck der Buchhaltung, eventuelle Betriebsfehler nachzuweisen, geht völlig verloren. Aus allen diesen Gründen kann man die Howardsche Methode der Geldwertsberechnung der Futtermittel, welche in einem Landwirtschaftsbetriebe kreisen, nicht für angemessen halten. Denn wenn der Landwirt sich ein auf Schätzungen und unbewiesenen Annahmen gegründetes Rechnungsgebäude konstruiert und sich bewusst bleibt, dass viele Rechnungsfaktoren keine thatsächlichen Begründungen haben, so wird er auch keine thatsächlichen, massgebenden Resultate, ja nicht einmal unbedingt zu beherzigende Winke davon erwarten können. Wozu hat er denn aber so komplizierte Berechnungen angestellt?

Einen anderen Weg wieder als Krämer und Howard, wenn auch in bedeutender Anlehnung an die Methode der ausschliesslichen Marktpreisbenutzung, geht Diebl[1]). Zunächst will er für die Wertschätzung von Futter, wo es geht, die so umstrittenen Geldwerte ganz vermeiden. Nach seiner Ansicht ist dies in vielen Fällen auch angängig. So bei der Veranschlagung des Gesamtresultates der Unternehmung, wobei die unter den verschiedenen Betriebszweigen zirkulierenden Produkte unberücksicht bleiben könnten. Ferner meint er, dass bei Kalkulationen sich oft die Futter- und Düngergaben gegenseitig aufheben könnten. So bei einem Vergleich zweier Kühe, die gleich viel Futter bekämen und gleich viel Dünger lieferten; man würde hier das Futter zu einem beliebigen Preise ansetzen, eventuell auch ganz fortlassen können.

---

1) Vergl.: Diebl, landwirtschaftliche Oekonomik, 1882.

Diebl giebt jedoch zu, dass in anderen Fällen ein Geldwert nötig sei, und nimmt hier den Marktpreis als solchen an. Dieser ist deswegen massgebend, da durch Heu- und Strohpressvorrichtungen, wie durch die günstigen Transportgelegenheiten der Bezug ausserordentlich erleichtert worden ist, da ferner ja auch die konzentrirten Futtermittel vollkommen innerhalb der internationalen Marktkonkurrenz stehen. Auch aus der Nationalökonomie führt Diebl Gründe für die Benutzung des Marktpreises an. Und endlich will er, wo ein Marktpreis für abgeerntetes Futter absolut fehlt, den Weidezins zur Berechnung verwenden. Er schliesst seine Ausführung mit den Worten: „In der That ist kein Grund vorhanden, den Futtermarktpreis als Ausdruck des Futterwerts zurückzuweisen. Er ist ein verlässlicher Berechnungsschlüssel, der fehlerlose Resultate giebt."

Zu diesen Vorschlägen Diebls ist zunächst zu bemerken, dass die Empfehlung, die Geldwerte möglichst unbenützt zu lassen, uns absolut nicht weiter hilft. Denn er selbst giebt zu, dass zum Beispiel bei der Wahl einer Kulturart die Geldwerte zur Berechnung notwendig seien. Ebenso bedürfen wir ihrer, was doch von höchster Bedeutung für den landwirtschaftlichen Betrieb ist, bei der Rentabilitätsberechnung der einzelnen Wirtschaftszweige. Wenn wir sie also doch hier nötig haben, so können wir sie schliesslich auch an anderen Orten benutzen, und es ist völlig zwecklos, ihre Anwendung möglichst zu vermeiden, da wir gerade bei den wichtigsten Aufschlüssen über die inneren Wirtschaftsvorgänge doch auf sie uns verlassen müssen. Und für diese Fälle empfiehlt uns Diebl die Marktpreise. Bezüglich derselben darf ich wohl auf das schon oben Gesagte hinweisen. Auch die Begründung durch die Benutzung der Heupresse und Dampffracht scheint nicht stichhaltig zu sein. Zunächst wird auch durch die Heupresse das Volumen von Rauhfuttermaterialien nicht derartig verkleinert, dass sie nunmehr bequem und billig sich auf weite Entfernungen transportiren liessen, ganz abgesehen davon, dass die Heupresse für Grünfutter, Wurzelfrüchte und ähnliche marktlose Futtermittel gar nicht in Aktion treten kann. Ausserdem ist die Dampffracht doch noch nicht so niedrig im Preise, dass sich voluminöse Futtermittel auf irgendwie bedeutendere Entfernungen mit Vorteil versenden liessen, wenigstens unter normalen Verhältnissen. Zur Begründung einer Benutzung der

Marktpreise für die marktlosen Futtermittel dürften also Diebl's Anführungen kaum ausreichend sein. Denn man kann die betreffenden Futterstoffe auch unter modernsten Verhältnissen auf keinen Fall als leicht transportable Waren ansehen, für die selbstverständlich der Marktpreis in Anwendung zu kommen hätte. Im übrigen verweise ich auf das bei Krämer über die Marktpreise und ihre Anwendung bei marktlosen Futtermittel Gesagte.

Im ganzen kann man das Urteil über Diebl dahin zusammenfassen, dass er uns zu Krämers Ansicht nur wenig Neues bringt, und seine Methode ebenso wie die des anderen landwirtschaftlichen Schriftstellers zurückzuweisen ist.

Weit umfassender als Diebl, ja wohl noch eingehender als Howard und Krämer behandelt **Hermann Henneberg** [1][2]) unsern Gegenstand, die Geldwertsberechnung der Futtermittel. Er ist den vorgenannten zuzurechnen, weil auch bei ihm der Marktpreis in der Bewertung eine grosse Rolle spielt, doch ist seine Methode entschieden eigenartig, und lehnt sich kaum näher an eine der vorbenannten an.

Hermann Henneberg erblickt die Hauptschwierigkeit für die Einführung der doppelten Buchführung in dem Umstande, dass für viele Produkte, die in der Wirtschaft erzeugt und teilweise oder ganz wieder darin konsumiert werden, der notwendige Preisansatz in Geld erschwert sei, und zwar für diejenigen, welche entweder gar keinen Marktpreis haben, oder nur selten und unregelmässig verkauft werden. Ebenso käme dies in Betracht für die Produkte, welche wegen grosser Entfernung vom Markte

---

1) Vergl.: Hermann Henneberg, Einiges über doppelte Buchführung.

2) Ich betone „Hermann" Henneberg, da auch der bekannte Göttinger Professor W. Henneberg im Journal für Landwirtschaft XXXI, Jahrgang 1881, über vorliegende Frage geschrieben hat. — In Liebschers Abhandlung im Journal für Landwirtschaft von 1884 findet sich verdruckt, denn später folgt der richtige Name, W. Henneberg als Autor der Schrift: „Einiges über doppelte Buchführung" angegeben, statt des richtigen Verfassers Hermann Henneberg. Ich erwähne diese Unrichtigkeit, da sich im Handbuch der gesamten Landwirtschaft von der Goltz, Abschnitt IV, Seite 477, wahrscheinlich aus Liebschers Abhandlung übernommen, derselbe Fehler findet. Auch hier wird Wilhelm Henneberg als Autor der Schrift: „Einiges über doppelte Buchführung" angeführt, ohne dass eine spätere Verbesserung folgte. Da die Ansichten W. Hennebergs aber sehr von denen Hermann Hennebergs differieren, so kann eine solche Verwechslung doch zu unrichtigen Folgerungen führen.

nicht zum vollen Marktpreis angerechnet werden könnten. Ausserdem führt er noch an, dass auch bei Produkten mit regelmässigen Marktpreisen, die man zu diesen in Ansatz bringe, infolge des Schwankens dieser Marktpreise eine gewisse Unsicherheit in die Rechnung komme. Einige andere Schwierigkeiten für die doppelte Buchführung in der Landwirtschaft, die Henneberg noch anführt, können hier unberücksichtigt bleiben, da sie für das Thema nicht in Frage kommen.

Die genannten Hindernisse sucht Henneberg nun im Hauptteil seiner Abhandlung dadurch zu heben, dass er ein neues Verfahren zum Ansatz der Preise für die verschiedenen Futtermittel (und anderen Produkte) giebt, und die Benutzung desselben durch Vorberechnungen erleichtert.

Bezüglich der Preisansätze verlangt Henneberg:

I. Futtermittel[1]), die nur zum Zweck des Verkaufs hervorgebracht werden, sind zu den erhaltenen Preisen anzusetzen. Desgleichen zum gezahlten Preise die angekauften, im Betrieb verbrauchten Futtermittel. Im Interesse des Prinzipals verwendete Stoffe dieser Arten sind zum Marktpreis, der zur Zeit der Entnahme gilt, anzusetzen.

II. Es tritt der Fall ein, dass zwei Produktionszweige derartig verknüpft sind, dass das oder die von einem produzierten Futtermittel, die Produkte des Nebenzweiges, zum Zweck der Benutzung durch den anderen, den Hauptzweig dargestellt werden.

a) Ist das (oder die) im Nebenzweige hervorgebrachte Futtermittel weder käuflich noch verkäuflich, lässt sich auch nicht ein künstliches Surrogat für dasselbe finden, so ist die Verbindung beider Zweige eine untrennbare. Sie können gegen einander keine selbstständige Rentabilität besitzen, eine Bewertung des Futtermittels ist also zwecklos[2]).

Es ist aber in den meisten Kulturländern nie ein völliger Mangel eines Marktpreises oder käuflichen Surrogates vorhanden, sondern nur ein Mangel eines regelmässigen Marktpreises, oder eines völlig entsprechenden Surrogats. In diesem Fall sind trotz-

---

1) Ich betone nochmals, dass die Sätze, welche ich auf Futtermittel beziehe, meist einen noch allgemeineren Sinn haben, der mich bei dieser Arbeit aber nicht weiter angeht.

2) Hennebergs Ansichten sind hier, dem Sinne seiner Gesamtausführungen streng entsprechend, gekürzt und von Unwesentlichem befreit.

dem die entsprechenden Markts- beziehungsweise Surrogatspreise[1] anzuwenden.

b) Ist das (oder die) im Nebenzweig produzierte Futtermittel Marktware, so ist dafür der Marktpreis einzusetzen. [Die näheren Betrachtungen, die Henneberg Seite 26 bis 30 seiner Arbeit anführt, schränken dies nicht ein, berühren unser Thema überhaupt nicht.]

c) Ist das (oder die) vom Nebenzweig hervorgebrachte Futtermittel nicht selbst Marktware, aber durch ein käufliches Surrogat zu ersetzen, so verwende man den Marktpreis des Surrogats.

d) Werden von einem Wirtschaftszweige zugleich mehrere Futtermittel hervorgebracht, von denen eins oder mehrere marktfähig oder durch marktfähige Surrogate zu ersetzen sind, ein anderes, oder andere weder Marktware, noch durch ein käufliches Surrogat zu ersetzen sind. so würde für letztere sich kein Preis einsetzen lassen. Doch tritt der schon bei a) erwähnte Fall hier ein, dass sich meist ungenaue Markt- beziehungsweise Surrogatpreise werden finden lassen, die einzusetzen sind.

Dies sind die Ansichten Hermann Hennebergs, die sich allerdings ziemlich schwer aus der ersten Hälfte seines Buches isolieren lassen. Es treten nun noch Modifikationen hinzu. Erstens sollen alle Marktpreise als loco Hofpreise verwendet werden, und zwar dergestalt, dass im Falle

1. von dem in der Wirtschaft verbrauchten Futtermittel noch zugekauft wird, der Marktpreis plus Fuhrkosten für das gesamte, zum Marktpreis anzusetzende Futtermittel als loco Hofpreis zu rechnen ist. — Wird weiter

2. von dem in der Wirtschaft verbrauchten Futtermittel noch verkauft, so ist der Marktpreis minus Fuhrkosten für das gesamte zum Marktpreis einzusetzende Futtermittel als loco Hofpreis zu rechnen.

Im Fall weder verkauft noch zugekauft wird, ist

3. folgendermassen zu verfahren:

a) Ist sonst gewöhnlich in den anderen Jahren Fall 1 oder 2 vorherrschend, und das Gleichgewicht in diesem Jahr nur eine Abnormität, so verfahre man je nach dem nach Fall 1 oder 2.

---

[1] Ueber den Ausdruck Surrogatpreise wird noch später gesprochen werden. Seine Bedeutung dürfte auch bekannt sein, da er viel benutzt wird.

β) Ist das Gleichgewicht in Produktion und Verbrauch Regel, so urteile man nach der näher liegenden Möglichkeit.

γ) Wenn man auch hier keine Entscheidung finden kann, so benutze man den Marktpreis, minus Fuhrkosten als den billigeren Preis, oder nehme noch korrekter den reinen Marktpreis. Entsprechend hat man sich bei der Benutzung des Marktpreises eines Surrogats zu verhalten. Man verwende einen der oben bezeichneten loco Hofpreise, je nachdem das Surrogat im Falle einer Verwendung selbst zugekauft, oder selbst produziert werden würde, oder sich etwa bereits als Zukaufs- oder Verkaufsware auf dem Gute vorfindet.

Bezüglich der Marktpreise selbst trifft Henneberg noch eine weitere Anordnung. Es ist noch nicht festgestellt, ob Tages- oder Durchschnittsmarktpreise benutzt werden sollen. Henneberg verlangt, dass der Durchschnittsmarktpreis, nicht die Tagespreise, benutzt werden, da sonst leicht durch ihr Schwanken Unrichtigkeiten veranlasst werden könnten, man auch in der That die Tagespreise oft nicht würde ausnutzen können. Er geht sogar noch weiter, und will auch bei thatsächlich gekauften und verkauften Futtermitteln etwas Aehnliches thun, und zwar folgendermassen: Wie selbstverständlich, notirt er zunächst den thatsächlich erhaltenen oder bezahlten Preis. Ist das Futtermittel von nur einem Betriebszweig verwendet, so lässt sich nichts weiter thun. Ist es dagegen von mehreren Betriebszweigen benutzt worden, so schreibt er nicht einem derselben den einen, einem anderen den andern der verschiedenen bezahlten Preise an, sondern er bringt die Preise in ein besonderes Konto, und berechnet am Jahresschluss aus den verschiedenen Preisen den Durchschnitt, welcher dann den einzelnen Betrieben zur Last zu schreiben ist [1]).

Zu den unter II, a und d genannten Fällen bemerkt Henneberg noch: Die hier platzgreifenden, „ungenauen" Markt- und Surrogatpreise [2]) müssen nach Massgabe verschiedener Bestim-

---

[1]) Es ist mir leider nicht möglich, die wünschenswerte Klarheit, Kürze und Deutlichkeit bei der Schilderung des Hennebergschen Verfahrens allenthalben aufrecht zu erhalten, da ich mich doch immer an den eigentlichen Text halten musste, um einen Vergleich zu ermöglichen. Ein Vergleich mit dem ursprünglichen Text dürfte zeigen, dass ich mich bemüht habe, den oben genannten, berechtigten Forderungen zu entsprechen.

[2]) Ich möchte bemerken, dass diese Fälle die Bewertung der marktlosen Futtermittel in erster Linie in sich schliessen.

mungen gewählt werden. Die „ungenauen" Marktpreise unterliegen meist, da die Umsätze in den betreffenden Futtermitteln
nicht bedeutend sind, grossen Schwankungen. Man darf für sie
daher nur die Preise in Ansatz bringen, zu denen sie im Verlauf
des betreffenden Jahres in der Nähe, wo die produzierende Wirtschaft sich eventuell am Geschäft hätte beteiligen können, verkauft worden sind. Wenn die Zahl der Verkäufe des Produkts,
die in der Nähe stattfanden, allerdings zu klein wird, und wohl
nur zwei oder wenig mehr beträgt, dann wird man besser einen
„mangelhaften" Surrogatpreis dafür einsetzen.

Ueber die Surrogatpreise giebt Henneberg uns sehr genaue
und umfassende Vorschriften. Nachdem er gezeigt hat, das kleine
Ungenauigkeiten der Brauchbarkeit derselben keinen Eintrag thun,
geht er daran, einen Weg zur Auffindung der Surrogatpreise für
nicht marktpreishabende Futtermittel zu weisen. Die marktpreisbesitzenden Futtermittel selbst sind den anderen, für die sie den
Surrogatpreis abgeben sollen, meist zu ungleich, als dass man sie
ohne weiteres zur Aufstellung der Surrogatpreise benutzen könnte.
Den Geldwert der einzelnen Nährstoffe nach den Marktpreisen berechnet, der uns zu einer anderen Surrogatpreisberechnung führen
würde, können wir wegen der grossen Schwankungen ihrer Markt-
bewertung auch nicht benutzen. Die auf Stroh- und Heupreise
reduzierten Geldwertszahlen der Wolff'schen Tabellen[1]) berücksichtigen statt der für jede Wirtschaft massgebenden loco Hofpreise
den Preis am Markt, ausser anderen Fehlern; kurz, Henneberg
glaubt, eine andere Methode zur Auffindung des Surrogatmarkt-
preises einschlagen zu müssen.

Er will das zu bewertende Futtermittel im Rahmen einer
fertigen Futtermischung betrachten, und verfährt daher also: Man
rechnet sich die nach den loco Hofpreisen bei einer anzuwendenden
Futternorm billigste, den Ansprüchen an Gedeihlichkeit und ähnlichen Dingen vollkommen entsprechende Futtermischung aus, in
der aber nur marktfähige Futterstoffe vorkommen dürfen. Dann
berechnet man nach derselben Norm eine zweite Futtermischung,
in der von marktlosen Produkten lediglich das zu bewertende
vorhanden ist, während sonst die in der anderen Mischung vorhandenen Futtermittel, welche billigst die zur Ausfüllung der

1) Des Kalenders von Mentzel und von Lengercke, 1875.

Norm noch fehlenden Nährstoffe liefern, zu benutzen sind. Die erste Futtermischung ist dann als Surrogat der zweiten anzusehen, und mit ihr als gleichwertig zu betrachten. Eine Subtraktion des Wertes der letzteren von dem bekannten Werte der ersteren ergiebt dann den Surrogatpreis des zu bestimmenden Produktes. — Es folgen nun noch grosse Berechnungen, welche die Surrogatpreise mit möglichster Genauigkeit ergeben sollen. Gegen Titel I der Forderungen Hennebergs, wonach gekaufte oder verkaufte, zum Zweck des Verkaufs produzierte Futtermittel zu den bezahlten oder erhaltenen Preisen anzusetzen sind, ist nichts von Bedeutung einzuwenden. Dem nämlichen Punkt konnten wir schon bei Krämer zustimmen; auch dass vom Prinzipal entnommene Stoffe zu entsprechenden Marktpreisen zu berechnen sind, ist zu billigen.

Bei dem zweiten Teil haben wir eigentlich nur zwei Fälle zu unterscheiden. Entweder ist ein mehr oder weniger genauer Marktpreis für die in der Wirtschaft erzeugten und verbrauchten Futtermittel vorhanden; dann verlangt Henneberg die Benutzung des Marktpreises.

Dazu ist zu sagen, dass auch hier die nötige Unterscheidung in marktfähige und marktlose Produkte fehlt. Denn man kann wohl die Benutzung der Marktpreise für Futtermittel gestatten, wenn man sie jederzeit auf dem Markte realisieren kann, und zwar für beliebige Mengen; sonst aber nicht. Ich kann mich auch hier nur auf das schon vorher Gesagte berufen. Nur Eins dürfte noch zu bedenken sein. Auf Seite 61 seiner Arbeit sagt Henneberg, dass auch bei Mangel an solchen Futtermitteln, die einen „unvollkommenen" Marktpreis verlangen (was unserem Begriff marktloser Futtermittel etwa entspricht), keine grösseren Umsetzungen darin vorkommen. Andererseits behauptet er Seite 65, dass der Gebrauchswert des Strohes zum Beispiel in der Wirtschaft ein höherer sei als der Marktpreis angiebt. — Ist dies aber der Fall, bringt also ein Verbrauch der marktlosen Futtermittel in der Wirtschaft im Vergleich zu den Marktpreisen Gewinn — weshalb sollten da nicht bei Mangel an diesen Futtermitteln grosse Ankäufe auf dem Markte gemacht werden? So muss man wenigstens, wenn man Hennebergs Behauptungen aufrecht erhält, fragen. Und da auch in Zeiten des Mangels[1]

---

1) An eigentliche Notjahre denke ich nicht.

3*

marktlose Futtermittel nicht in wesentlichen Mengen vom Durchschnitt der Wirtschaften aus dem Markte aufgenommen werden, so kann man hieraus wohl den allgemeinen Schluss ziehen, dass die durchschnittlichen Marktpreise der betreffenden Futtermittel zu hoch sind, dass die zu ihnen erstandenen Mengen nicht mehr mit Gewinn in den durchschnittlichen Wirtschaften Deutschlands verwendet werden können.

Was den zweiten der beiden Fälle anlangt, in die ich der Einfachheit halber Hennebergs Vorschläge zerlege, die Einführung eines mehr oder weniger genauen Surrogatpreises dort, wo ein Marktpreis nicht zu ermitteln ist, so hat die Idee, durch Verwendung von Surrogatpreisen zu einer Geldbewertung marktpreisloser Futtermittel zu gelangen, unstreitig Manches für sich. Doch ist die Ausführungsmethode Hennebergs durch einen prinzipiellen Fehler geschädigt, und so sein ganzer Surrogatbewertungsversuch wohl unannehmbar geworden. Er benutzt nämlich bei der Berechnung der Vergleichsfuttermischung mit „nur marktfähigen" Bestandteilen unter anderem Stroh und andere Rauhfuttermittel, indem er sie zum Marktpreis ansetzt. Dies mussten wir schon früher als unangebracht zurückweisen. Nun ist aber zu beachten, dass Henneberg ohne Benutzung dieser, von uns als marktlos zu bezeichnenden Futtermittel überhaupt nicht in der Lage sein wird, seine Methode durchzuführen. Die Futtermittel, für welche Surrogatwerte gesucht werden, sind in fast allen Fällen voluminös und relativ nährstoffarm. Sie können in der mehrfach erwähnten, nur marktpreishabende Futtermittel berücksichtigenden Vergleichsmischung[1]), daher auch nur durch ebenfalls voluminöse und relativ nährstoffarme Futtermittel ersetzt werden, die nebenbei einen bekannten Marktpreis haben müssen. Sind hier die vorerwähnten Futtermittel, also Heu, Stroh und ähnliche, nicht anwendbar, weil wir ihnen einen massgeblichen Marktpreis nicht zugestehen, so fällt überhaupt die Möglichkeit fort, eine „entsprechende" Futtermischung zu konstruieren. — Einen Beweis hierfür liefert auch der Umstand, dass Henneberg in jeder seiner Vergleichsmischungen entweder Stroh, oder Heu, oder Wurzelgewächse benutzt, alles Stoffe, denen wir einen be-

---

[1]) Vergl. in dieser Arbeit Seite 34. Dort ist die hiergemeinte die „erste" Mischung.

nutzbaren Marktpreis im Allgemeinen nicht zuerkennen, die wir nur als marktlos bezeichnen können.

Was Hennebergs Anschauungen über die Art der Marktpreise betrifft, so kann man ihm insofern beistimmen, als er für Benutzung der loco Hofpreise eintritt, soweit nicht thatsächliche Umsetzungen stattfinden. Für mich kommen diese Preise natürlich nur für marktgängige Waren als Geldwerte in Betracht, da zu ihrer Benutzung die Möglichkeit der Realisierung notwendig ist. — Doch bei den loco Hofpreisen möchte ich eine Absonderlichkeit Hennebergs kurz berücksichtigen. Nach Seite 70 seiner Arbeit verlangt er als loco Hofpreis, falls von dem in der Wirtschaft produzierten und verbrauchten Futtermittel noch zugekauft wird, Marktpreis plus Fuhrlohn für den in der Wirtschaft erzeugten Anteil. (Für den anderen natürlich dasselbe). Falls dagegen von dem betreffenden Futtermittel noch verkauft wird, Marktpreis minus Fuhrlohn. — Nun brachte man folgende, hierauf begründete Rechnungen:

Zwei nebeneinanderliegende Wirtschaften, A und B, führen entsprechende Wiesenkonten. A kauft jährlich für 500 Mark Heu zu, rechnet also sein gesamtes Heu zum Marktpreis plus Fuhrlohn; B verkauft jährlich für 800 Mark Heu, rechnet also sein gesamtes Heu zum Marktpreis minus Fuhrlohn.

A. Wiesenkonto:

Debet:	Credit:
Kosten und ähnliche Ausgaben: 5000 Mk.	2000 Centner Heu zu 3 Mk. (Marktpreis 2 Mk. 50 Pf. plus 50 Pf. Fuhrlohn) = 6000 Mk.

Gewinn also 1000 Mk.

B. Wiesenkonto:

Debet:	Credit:
Kosten und ähnliche Ausgaben: 5000 Mk.	2400 Centner Heu zu 2 Mk. (Marktpreis 2 Mk. 50 Pf. minus 50 Pf. Fuhrlohn) = 4800 Mk.

Verlust also 200 Mk.

Auf Gut B wird also bei gleichen Kosten und gleicher Lage des Gutes soviel Heu mehr produziert als auf A, dass nicht nur kein Zukauf nötig ist, um ebensoviel Heu zu erhalten wie Gut A, sondern dass noch für 800 Mark Heu verkauft werden kann[1]), und doch schliessen auf Gut B die Wiesen mit einem Verlust ab. — Ein schärferes Urteil über die Anschauung Hennebergs, als in dieser Rechnung liegt, kann wohl nicht gefällt werden.

Im ganzen können wir das Urteil über diesen Versuch einer Geldbewertung der Futtermittel folgendermassen zusammenfassen. Es ist Hermann Hennebergs Methode wegen der übermässigen Berücksichtigung der Marktpreise auch für marktlose Futtermittel nicht zu verwenden; seine Surrogatverwertung ist auch auf zu weitgehender Marktpreisbenutzung begründet und fällt daher aus. Von den rechnerischen Schwierigkeiten, welche sein Verfahren für den praktischen Landwirt bieten würde, ist dabei ganz abgesehen. Liebschers Berechnung, die er gelegentlich einer Besprechung der vorliegenden Methode[2]) im Sinne der Hennebergschen Surrogatberechnung macht, ist ebenfalls zu beanstanden, da er mit Marktpreisen von Haferstroh, Gerstenstroh u. dgl. rechnet, also in den schon bei Henneberg gerügten Fehler verfällt. Doch wird uns Liebscher später noch beschäftigen.

Neben diesen wichtigeren, sich hauptsächlich mit ausgedehnter Benutzung der Marktpreise beschäftigenden Autoren wären noch zu nennen von Fontaine, des weiteren auch Birnbaum, der in seinem Beispiel eines Nutzungsanschlags[3]) ziemlich ausschliesslich Marktpreise benutzt[4]). Noch manch Anderer der vielen über landwirtschaftliche Buchführung und Taxation schreibenden Autoren benutzt in weitgehendster Weise die Marktpreise; doch auf sie näher einzugehen, würde zu weit führen.

---

1) Um nur den speziellen Fehler hier zu zeigen, nehme ich an, dass Heu sowohl beliebig zu kaufen, wie zu verkaufen ist, und zwar zu dem Marktpreis von 2 Mk. 50 Pf. für den Centner.

2) Vergl. Liebschers Abhandlung im Journal für Landwirtschaft von 1884.

3) Vergl.: Birnbaum, landwirtschaftliche Taxationslehre, 1890.

4) Ueber Birnbaums Methoden siehe auch noch Seite 13 und 47 dieser Arbeit.

IV. Rechnungen mit Produktionskosten.

Das Berechnungsverfahren unter Benutzung der Produktionskosten ist wohl dasjenige, welches auf den ersten Blick als das beste und das vernünftigste erscheint. Ebenso, wie man ein käuflich erworbenes Futtermittel zum Kaufpreis ansetzt, so soll hier die Summe der Kosten, durch deren Aufwand es möglich wurde, das betreffende Futtermittel zu gewinnen, als Geldwert eingesetzt werden. Prüfen wir nun, ob die Produktionskostenberechnung wirklich diesen scheinbaren Vorzügen entsprechend vor anderen als die beste Methode angesehen werden muss. Gearbeitet mit ihr, und sie empfohlen haben mehrere landwirtwirtschaftliche Schriftsteller, so z. B. auch der **Graf zur Lippe** Weissenfeld. Dieser hält sich über unseren Fall nicht mit langen Auseinandersetzungen auf[1]), sondern empfiehlt nur, zunächst für Heu und Grummet den niedrigsten Marktpreis anzusetzen, um derartig die Kosten eines Gespanntages berechnen zu können. Mit dessen Hülfe und unter Benutzung Stöckhardtscher Düngerwertsberechnungen ist dann der Produktionspreis des Heues zu ermitteln. Ist dieser gefunden, so setzt man ihn ein und kann die Geldwerte anderer Futtermittel auf die Weise erhalten, dass man diese mit Hülfe der Wolffschen Heuwertstabellen[2]) auf Heu zurückführt und dann die entsprechende Summe einsetzt. Scheinbar eine sehr einfache, klare Methode. Doch ist dagegen zu sagen, dass die Art und Weise, in welcher der schon bei Howard erwähnte Ring zwischen Spannviehkosten, Futterkosten und

---

1) Vergl.: Graf zur Lippe, Der landwirtschaftliche Ertragsanschlag.

2) Die Schrift von zur Lippe ist aus dem Jahre 1862 und bezieht sich hier auf Wolffs Heuwertstabellen von 1861, die schon teilweise auf chemischen Grundlagen basierten.

Düngerkosten durchbrochen wird, eine völlig willkürliche ist
Das Heu und Grummet soll zu Marktpreisen angenommen werden.
Mit demselben Recht kann man ja auch den Dünger zu Markt-
preisen ansetzen, und von ihm in der Berechnung ausgehen.
Dann würden sich aber ganz andere Werte ergeben.

Und Graf zur Lippe giebt ausserdem selbst die Unbrauchbarkeit der Marktpreise dadurch zu, dass er sie später durch Produktionskosten ersetzt. Man muss aber eine Produktionskostenberechnung der Futtermittel, die nur durch vorläufiges Einsetzen
der Marktpreise zu ermöglichen ist, entschieden zurückweisen, und
daher der Futterwertsberechnung des Grafen zur Lippe jeden Wert
absprechen, von anderen Ungenauigkeiten derselben ganz abgesehen. Dabei sind nicht einmal die weiteren Fragen berücksichtigt, ob es angängig ist, den Geldwert, zum Beispiel von Wurzelgewächsen oder Grünklee nach den Produktionskosten des Wiesenheues zu bestimmen[1]), und ob eine Produktionskostenberechnung
für Wiesenheu im Interesse des Landwirts liegt, da ein eventueller Gewinn oder Verlust dann im Wiesenkonto nicht vorkommen kann[2]).

In ähnlicher Weise wie Graf zur Lippe befürwortet **Backhaus**[3]) die Berechnung der Produktionskosten für das Heu und
die Bewertung der übrigen marktlosen Futtermittel nach dem
Preis der Futterwerteinheiten in diesen. Doch giebt er weder
näheren Aufschluss über die Art und Weise der Berechnung der
Produktionskosten, noch über den Ansatz der Futterwerteinheiten.
Es ist bezüglich seines Vorschlages auf das schon Gesagte zu
verweisen; und besonders möchte hier hervorzuheben sein, dass
eine Verallgemeinerung der Produktionskosten des Heues auf
diejenigen der übrigen marktlosen Futtermittel, besonders von
Stroh und Wurzelgewächsen, auch nicht einen Schein von Berechtigung hat, da ja die Produktionsverhältnisse mit jedem Stück
Landes und mit jeder Pflanze wechseln.

Des Weiteren befürwortet **Kaufmann**[4]) die Produktionskostenrechnung. Sein Verfahren deckt sich im Wesentlichen mit den

---

1) Hierüber hat von der Goltz auch in seiner Taxationslehre beachtenswerte
Ausführungen gegeben.

2) Vergl. auch Seite 44 dieser Arbeit.

3) Vergl.: Backhaus, Landwirtschaftlicher Betrieb in Pacht- und Eigenbesitz.

4) Vergl.: Kaufmann, Beiträge zur landwirtschaftlichen Oekonomik.

der vorstehenden landwirtschaftlichen Schriftsteller. Er will ebenfalls zum Zweck der Ermittelung der Gespanntagskosten das an das Arbeitsvieh gegebene Heu zu Marktpreisen ansetzen. Dann berechnet er das Heu, wie alle übrigen Futtergewächse für das Nutzvieh, nach dem Produktionspreis. Nur für das Stroh verlangt er die Benutzung der Marktpreise des nächsten Absatzortes nach Abzug der Transportkosten.

Zwar deckt sich Kaufmanns Methode nicht völlig mit der des Grafen zur Lippe, aber die meisten bei den vorigen hervorgehobenen Bedenken passen auch auf diese Methode. Sie ist abzulehnen, da sie unberechtigter Weise die Marktpreise als Geldwerte für in der Wirtschaft umlaufende marktlose Futtermittel benutzt, und da sie ferner auf dieser, mit Willkür gewählten, falschen Grundlage eine Produktionskostenberechnung aufbaut, die auch an sich unbrauchbar sein dürfte. Denn die Art und Weise, wie sich Kaufmann, und ebenso auch der Graf zur Lippe mit der Düngerbewertung abfinden, die bei Ermittelung der Spannkosten ja nicht zu vermeiden ist, dürfte vor der jetzigen Wissenschaft nicht mehr aufrecht erhalten werden können.

Nicht unähnlich den vorhergehenden Autoren verfährt Fühling[1]). Er will die Produktionskostenrechnung zur Grundlage der Geldbewertung für die Buchführung benutzen, ohne jedoch die Marktpreismethode zu verwerfen. Für Rentabilitätsberechnungen empfiehlt er sogar besonders die sogenannten Surrogatpreise[2]), mit denen wir noch später bekannt werden.

Zur Berechnung stellt er folgende Grundsätze auf:

Stroh wird zum mehrjährigen Durchschnittsmarktpreis angesetzt. Wo ein solcher nicht vorhanden, zu den halben Produktionskosten des Heues. Alles verfütterte Heu, Grünfutter, Wurzelfutter, wird zum Produktionspreis angesetzt. Für alle am Markte angekauften Futtermittel wird der volle Marktpreis berechnet.

In dem letzten Fall kann man prinzipiell mit Fühling übereinstimmen. Der Ansatz des Strohes zu Marktpreisen ist aus schon erörterten Gründen zu verwerfen[3]). Die Benutzung der halben Produktionskosten des Heues zur Bewertung des Strohs

---

1) Vergl.: Fühling, Oekonomik der Landwirtschaft. 1889.

2) Vergl. auch Seite 62 dieser Arbeit.

3) Vergl. Seite 15 und folgende dieser Arbeit.

entbehrt jeder Berechtigung, da Fühling uns weder beweist, noch überhaupt beweisen kann, dass die Produktion des Strohes jedesmal gerade halb so viel koste wie die Produktion des Heues [1]). Was die Produktionskostenberechnung der anderen marktlosen Futtermittel anlangt, so begeht Fühling hier genau dieselben Fehler wie Kaufmann, mit dessen Verfahren sich das seinige fast völlig deckt. Ich verweise daher auf ihn und des weiteren auf den Grafen zur Lippe, sowie auf das bei diesem Gesagte.

Einen eigenartigen Versuch eins der bei dieser Rechnungsart sich ergebenden Hindernisse zu vermeiden macht **Schuhmacher** [2]).

Er macht keine willkürliche Wertbestimmung, um Spannarbeiten oder dergleichen zu finden, sondern unterlässt das einfach [3]). Im übrigen betrachtet er den Futterbau als einen Teil der Viehhaltung, so dass er für das Ackerbaukonto eine direkte Rente nicht bringen kann. Ein derartiges Verfahren nützt aber dem Landwirt, der über den Futterbau wie über die Viehhaltung im Einzelnen Rentabilitätsberechnungen anstellen will, gar nichts. Ausserdem bringt Schuhmacher, wie auch Liebscher z. B. sagt [4]), keine Mitteilungen, wie die Schwierigkeiten einer richtigen Beurteilung des Düngers, der Bewertung der für die Futterproduktion aufgewandten Spannarbeiten zu erledigen seien, wie Futter- und Streustroh bewertet werden soll, und Aehnliches.

Nicht ganz ohne Berechtigung glaube ich den oben erwähnten Verfechtern der Produktionskostenrechnung hier **Drechsler** [5]) anreihen zu dürfen. Er hält zwar eine definitive Entscheidung der Geldbewertungsfrage zur Zeit für unmöglich und misst diesbezüglichen Ermittelungen nur einen relativen Wert bei, ist aber trotzdem der Meinung, dass sie nicht unterbleiben dürfen.

Drechsler erkennt vollkommen an, dass dem Produktionspreis mancherlei Mängel anhaften. Doch will er ihn trotzdem berechnet und als Minimalpreis für Heu benutzt wissen.

---

1) Vergl. Seite 40 dieser Arbeit.

2) Vergl.: Neue landwirtschaftliche Zeitung von 1873, Schuhmachers Ansichten.

3) Wenigstens bringt er darüber keine Angaben.

4) Vergl. die schon mehrfach erwähnte Arbeit Liebschers im Journal für Landwirtschaft, 1884.

5) Vergl.: Drechsler, Untersuchungen auf dem Gebiet der landwirtschaftlichen Betriebslehre, 1882.

Er ermittelt den Produktionspreis zuförderst nur für Wiesenheu und nimmt an, dass bei einem Heuertrage von 60 hkg[1]) Heu und Grummet die Kosten zum Beispiel betragen:

1. Reinigen, wässern, düngen (Kompost) 10 Mk.
2. Ernte . . . . 45 „
3. Pacht (oder Zinsen vom Geldwerte des
   Bodens) . . . . 100 „
4. Grundsteuer . . . . 5 „
5. Anteil an den gemeinsamen Ausgaben 35 „

Also Produktionskosten in Summa 195 Mk.

Der Erzeugungspreis pro hkg Heu berechnet sich also auf 3,25 Mark.

Drechsler führt noch an, dass die Rechnung als ziemlich sicher anzusehen sei, da der unsichere Posten „Stalldünger" fortfalle, ferner die Ausgabe für Erntefuhren zwar kein barer Posten sei, aber auch kein hoher, und ein Fehlgriff von der Wahrheit nicht viel abweichen könne. Allein der Posten 5 enthält nach Drechsler einen Teil Willkür, da die Verteilung dieses Postens doch nur nach allgemeinen Anhaltspunkten möglich ist, und bei seiner Festsetzung viel vom subjektiven Ermessen abhängt. Doch ist die Summe, die schliesslich auf das hkg Heu entfällt, so klein, dass seine Erhöhung beziehungsweise Erniedrigung von keinem nennenswerten Einfluss ist. Drechsler schliesst mit den Worten: „Man hätte hier eine Preisfestsetzung, welche vom subjektiven Ermessen möglichst wenig abhängig ist."

Sehen wir zu, ob dieser Ausspruch berechtigt ist.

Was den Posten 1 anlangt, so will Drechsler für den Kompost nur die baren, dafür entstandenen Ausgaben, also etwa für Umgraben gezahlten Tagelohn, in Anschlag bringen. Dagegen ist aber zu sagen, dass bei einer derartigen Berechnung eine ziemliche Menge von Pflanzennährstoffen den Wiesen umsonst übergeben werden, die zweifellos auch auf dem Ackerland nützlich gewesen wären. Abgesehen von der Möglichkeit, den Kompost anders zu bewerten, ist jedenfalls zu sagen, dass eine derartige Abgabe des Kompostes zu den baren Erzeugungskosten,

---

1) hkg ist Drechslers Ausdruck für 100 kg. Die ganze Angabe dürfte für den ha gelten.

die lediglich an die Wiesen geschieht, eine Ungerechtigkeit dem Ackerland gegenüber einschliesst, das kein Pfund Pflanzennährstoffe unberechnet von der Wirtschaft erhält. Von weit grösserer Bedeutung ist der die Spannkosten betreffende Fehler, beziehungsweise die betreffende Ungenauigkeit. Drechsler sagt, der Posten für Erntefuhren sei kein hoher. Es ist aber zu beachten, dass ausser den Erntefuhren auch Gespannarbeit für das Fahren von Kompost, unter Umständen auch für Maschinenarbeit bei der Ernte, ferner für Wieseneggen und Schleifen, in Betracht kommt, sodass die Gespannarbeit keinen so ganz unbedeutenden Posten ausmachen dürfte, der vollkommen willkürlich angesetzt werden muss. Auch bei Posten 5, wobei nach Drechslers eigenem Urteil ein willkürlicher Ansatz nicht zu umgehen ist, wird die geringe Grösse der fraglichen Summe zur Bemäntelung der Ungenauigkeit verwendet; schon zum zweiten Male also. Diese so geringe Summe kehrt zudem in jedem Kilogramm Heu wieder, und wird unzweifelhaft einen grösseren Betrag ausmachen, wenn man sie im Zusammenhang betrachtet. Es ist über Drechslers Produktionskostenberechnung für Heu also zu sagen, dass sie zum Mindesten an einigen grösseren Ungenauigkeiten leidet, wenn auch seine vorsichtige Ausdrucksweise keine direkte Widerlegung gestattet. Auch hier wird der schon mehrfach erwähnte Ring willkürlich durchbrochen. — Doch wir sehen von der eventuellen Unrichtigkeit der Produktionskostenberechnung ab, und beschäftigen uns weiter mit Drechslers Ausführungen. Dieser sucht zu ermitteln, ob die Benutzung seiner Produktionskosten zweckmässig sei oder nicht.

Er widerspricht dem Einwande, dass bei Benutzung der Produktionskosten ein Gewinn für die Wiesenwirtschaft sich nicht berechnen lasse, und sagt dazu: „Dieser Einwand lässt sich jedoch leicht widerlegen. Ein Gewinn für die Wiesenwirtschaft entsteht nicht schon durch die einfache Abgabe des Heues an die Viehstände, sondern durch die Fähigkeit der Tiere, das Heu in leichter und besser verkäufliche tierische Produkte zu verwandeln. Es ist gewiss nichts dagegen zu sagen, wenn jemand behauptet, dass es daher auch gerechtfertigt sei, jede Mehrverwertung des Heues über den Erzeugungspreis hinaus als Gewinn aus der Tierhaltung anzusehen." Zuerst ist hiergegen zu sagen, dass Drechsler mit seinen Worten eine Widerlegung jener Behauptung gar nicht giebt, sondern im Gegenteil sagt, ein eventuell über die Produktionskosten hinaus entstandener Gewinn sei der Viehhaltung zu Gute zu schreiben. — Weiter ist doch unzweifelhaft, dass auch schon durch die blosse Abgabe des Heues ein Gewinn für die Wirtschaft entstehen kann. Dass dies beim Heuverkauf stattfindet, bedarf keiner weiteren Erklärung; aber, wie folgendes Beispiel zeigt, geschieht dies auch innerhalb der Wirtschaft. Giebt z. B. eine Wiese bei gleichen Produktionskosten einmal 200, einmal 300 Centner Heu, so müsste man nach Drechsler die 200 Centner dem Vieh zu Produktionskosten, also etwa eben so hoch anrechnen wie die 300 Centner Heu. Denn die Produktionskosten dürften sich nur um ein Geringes, unter Umständen sogar (das Erntewetter spielt hier eine grosse Rolle) gar nicht unterscheiden. Wenn aber die 200 Centner ebenso wie die 300 Centner Heu dem Vieh zu den gleich gebliebenen Produktionskosten angerechnet werden, so überträgt man den Gewinn, den in dem letzteren Fall unzweifelhaft die Wiese gebracht hat, auf die Viehhaltung. — In einem anderen Jahr kann durch Wassersnot von der ganzen Wiese nur ein einziges Fuder, 30 Centner, brauchbar und an die Viehhaltung abzuliefern sein, trotz grosser Produktionskosten. Hierfür müsste man nach Drechsler die gesamten Produktionskosten dem Vieh anrechnen; die Viehhaltung wird wahrscheinlich in diesem Falle ein Defizit zeigen, das uns auf nichts aufmerksam machen kann, da wir gar nicht genau wissen, inwieweit es von zu teuren Futter, oder von unzweckmässigem Betriebe herstammt. Würde, wie es richtig wäre, sich in einem geführten Wiesenkonto ein Defizit zeigen, so brächte uns dies vielleicht auf die Idee, durch irgendwelche Hülfsmittel die Wiese zu schützen, und diente uns zugleich bei der Rentabilitätsberechnung einer solchen Anlage. Schon aus den angeführten Umständen dürfte man sich mit Recht gegen die Ueberweisung des Heues an das Vieh zu Produktionskosten zu wenden haben. Durch die Benutzung eines durchschnittlichen Produktionspreises sucht Drechsler diesem Einwand entgegenzutreten. Doch würde auch dann immer der Nachteil einer dauernd schlechten Wiesenwirtschaft auf die Viehhaltung zurückfallen, ausserdem sind mehrjährige, durchschnittliche Produktionskosten erst in einigen Jahren für den Landwirt zu erlangen, und die dann erzielten Mittelwerte schützen nicht vor unhaltbaren Bewertungszahlen.

Drechsler kommt endlich auch selbst zu dem Schlusse, dass besonders hinsichtlich der Qualität des Heues die Produktionskosten uns im Stiche lassen. Dennoch sagt er:

Trotz aller dieser Einwände und Bedenken gegen die Verwendung des Erzeugungspreises in den Wirtschaftsrechnungen ist nun aber dennoch die Ermittelung des durchschnittlichen Erzeugungspreises von erheblicher Bedeutung. Man stellt nämlich durch diese Ermittelung offenbar im Wege objektiver Berechnung die unterste Preisgrenze, den Minimalpreis, für Heu fest, denn es kann der Preis eines Produktes niemals auf die Dauer unter den Erzeugungspreis sinken. Ist ein Produkt weniger wert, als es zu produzieren kostet, so muss die Produktion eingestellt werden, oder es muss billiger produziert werden.

Es muss hier zunächst befremden, dass Drechsler von der Produktionskostenberechnung als von einem „Wege objektiver Berechnung" spricht, nachdem er vorher selbst nur hat sagen können, sie sei von subjektivem Ermessen möglichst wenig abhängig. — Was das Sinken des Preises unter die Produktionskosten anlangt, so ist Drechslers Behauptung im allgemeinen ja richtig. Setzt aber der einzelne Landwirt, im Vertrauen auf Drechslers Autorität, die Produktionskosten als stehenden Minimalpreis an, so merkt er ja gar nicht, dass vielleicht gerade einmal die Produktionskosten den Wert des Futtermittels übersteigen, er bricht daher nicht in diesem Falle die Produktion ab, was er vielleicht auch ohne Weiteres gar nicht kann, beziehungsweise produziert billiger, da er ja von der Notwendigkeit dies zu thun, nichts weiss. Eine besonders günstige Viehhaltung kann den durch zu teure Viehproduktion im Viehkonto sonst entstehenden Verlust ja decken. So bleibt der für die Gesamtproduktivität verhängnissvolle Umstand, dass der Wert des Heues unter die Produktionskosten gesunken ist, unentdeckt. Wenn nun Drechsler sagt: „Man gewinnt im Minimalpreise[1]) einen festen Ausgangspunkt für die Ermittelung des angemessenen Preises. Diesen Punkt festzustellen muss unter allen Umständen von Wert sein, ...", so ist dem entgegenzuhalten:

Die Produktionskosten sind weder als fester Ausgangspunkt für die Geldwertberechnung der Futtermittel zu bezeichnen, noch

1) In den Produktionskosten also, die Drechsler als Minimalpreis benutzt. Vergl. auch Seite 42 dieser Arbeit.

hat der Landwirt eine Berechtigung, sie als Minimalpreis zu verwenden.

Drechsler wird uns, wie schon erwähnt wurde, noch einmal [1]) in dieser Arbeit beschäftigen, worauf hier zu verweisen sein dürfte.

Auch Birnbaum [2]) hält eine Berechnung der Produktionskosten und ihre Verwendung für möglich. Er rät einen willkürlichen Ansatz für Dünger zu machen, der eventuell später den Erfahrungen gemäss zu modifizieren sei, und ermittelt danach die Produktionspreise des Futters. Auch hier ist also das willkürliche Eindringen in jenen „Ring", von dem schon öfters gesprochen ist, zu finden. Dass Birnbaum den angesetzen Zahlen mit Hilfe von Berechnungen einige Wahrscheinlichkeit geben will [3]), beseitigt die Willkür keineswegs. Auch scheint er in seinen neuesten Veröffentlichungen [4]) darauf verzichtet zu haben. Ein derartiges Verfahren kann natürlich auf Genauigkeit und Brauchbarkeit keinen Anspruch machen. Birnbaum legt ihm scheinbar auch keinen ausschliesslichen Wert bei, denn er benutzt auch andere Methoden zur Geldbewertung der Futtermittel [5]).

Dass Howard [6]) die Produktionskostenberechnung als Hilfsmittel benutzt, wurde schon vorher angegeben [7]), ebenso dass sie bei ihm auch nur auf sehr schwachen Grundlagen aufgerichtet ist. Von landwirtschaftlichen Schriftstellern, die sonst noch die Produktionskosten zur Ermittelung des Geldwertes der Futtermittel benutzen, nenne ich noch von Kayser [8]) und Komers [9]). Letzterer verlangt die Berechnung der Produktionskosten von Stroh und Futter, ohne jedoch hierzu nähere Mittel anzugeben. Ueberzeugende Beweise für die Rätlichkeit der Benutzung von Produktionskosten zum Zweck der Geldwertsberechnung der Futtermittel vermögen beide jedenfalls nicht beizubringen.

1) Vergl. Seite 117 dieser Arbeit.
2) Vergl.: Birnbaum landwirtschaftliche Taxationslehre.
3) Vergl.: Birnbaums Ausführungen in der Georgika, 1869, Heft 1 und 2.
4) Vergl.: Birnbaum, landwirtschaftliche Taxationslehre.
5) Vergl. auch Seite 13 und 38 dieser Arbeit.
6) Vergl.: Howard, landwirtschaftliche Rentabilitätsberechnung.
7) Vergl. auch Seite 25 dieser Arbeit.
8) Vergl.: von Kayser, Die wirtschaftlichen Gesetze in der landwirtschaftlichen Betriebsführung. Breslau 1882.
9) Vergl.: Komers Jahrbuch 1861.

Auf die Produktionskosten gestützte Berechnungen unseres Gegenstandes sind bisher also ohne Erfolg gewesen, und dürften es auch bleiben, da die Produktionskosten des Stallmistes nur bei Kenntnis der Produktionskosten der Futtermittel und nebenbei der Spannleistungen zu berechnen sind. Die Produktionskosten der Futtermittel aber können wir nur erfahren, wenn wir die Produktionskosten des Stalldüngers und der Gespannleistungen kennen, und zur Ermittelung der Produktionskosten der letzteren haben wir wieder diejenigen von Stallmist und Futtermitteln nötig.

V. Rechnungen nach dem Verwertungspreise.

Die Produktionskostenrechnung brachte uns unserem Ziel auch nicht näher. Sehen wir, ob dies vielleicht durch eine Geldwertsberechnung nach der Methode des mittelbaren Geldertrages, oder des Verwertungspreises möglich ist. — Ich kann hier **Wilkens**[1]) anführen; dieser berechnet jedoch nicht den Verwertungspreis für das einzelne Futtermittel, sondern sucht denselben für das gesamte Futter, das die Wirtschaft dem Vieh geliefert hat, zu ermitteln. Doch geht, wie schon Liebscher[2]) anführt, Wilkens hierbei nicht richtig vor, da er den Dünger nicht bewertet und nicht einsetzt, und ausserdem sich noch andere Ungenauigkeiten zu Schulden kommen lässt. Die Zahlen, welche er schliesslich erzielt, kann man nicht einmal als Verwertungspreis des Futters ansehen, geschweige denn, dass sie für die Geldbewertung desselben irgend einen Wert haben. Später hat Wilkens überhaupt auf jede Preisfestsetzung für nicht marktgängige Futtermittel verzichtet[3]).

Nach der Methode der Verwertungspreise will ein böhmischer Landwirt, **F. W. Zemlicka**[4]), die Geldwerte der Futterstoffe ermitteln. Er verlangt, dass der Landwirt seine Produkte nach ihrer Fähigkeit, auf dem Markte zu Geld zu werden, beurteilt. Um nun diesen Weg für die Futtermittel einschlagen zu können, kommt er auf Grund einiger Betrachtungen zu folgendem Schluss:

---

1) Vergl.: Wilkens, Beiträge zur landwirtschaftlichen Tierzucht. Leipzig 1871.

2) Vergl. Liebschers schon öfters erwähnte Arbeit. Journal für Landwirtschaft, 1884-

3) Vergl.: Wilkens, Grundriss der landwirtschaftl Haustierlehre. Bd. II. 1888.

4) Vergl.: F. W. Zemlicka, Leitfaden der Futter- und Düngerwertsberechnung, auf Grund effektiver Rentenbildung. Prag 1880.

„In dem Preise der Tierprodukte erhalten wir den Wert des Konsumartikels, in dem Preise der Futtermittel diesen Wert und die Bedingungen seiner Regeneration, der Konkurrenz entsprechend, ersetzt. Von diesem ebenso naturgemässen als richtigen Standpunkte aus gewinnt man sofort den sicheren Pfad für die Deduktion der Werte im Futter aus den am Markte erzielten Preisen der Viehprodukte."

Der Sinn dieser etwas dunkeln Worte soll folgender sein: Im Werte der Futtermittel sind enthalten:

1. Der Teil des Erlöses für die fertigen Tierprodukte, welcher nicht durch die anderweitigen Kosten der Viehhaltung (also die Kosten derselben mit Ausnahme der Futtermittel) absorbiert wird; der Futterwert.

2. Der Wert der in den Futtermitteln enthaltenen, düngenden Substanzen; der Düngerwert.

Diese beiden Wertkomponenten sucht nun Zemlicka gesondert zu ermitteln, wobei er auf folgende Weise verfährt. Er setzt einen Teil Protein in seinem Wert gleich fünf Teilen Kohlehydraten, das Fett gleich zwei ein halb Teilen Kohlehydraten und behauptet, dass bei einem Verhältnis von stickstoffhaltigen zu stickstofffreien Nährstoffen wie 1 : 5 die grösseste Nutzbarkeit des Futters vorhanden sei. Dem entsprechend konstruiert er als „Futternormalgruppe" eine Zusammenstellung, die 1 Teil stickstoffhaltige und 5 Teile stickstofffreie Nährstoffe enthält, und setzt dieselbe gleich 10 Werteinheiten. Bei der weiteren Berechnung ist nun zu unterscheiden zwischen intensiven und extensiven Futtermitteln, das heisst solchen mit relativ stärkerem und mit geringerem Stickstoffgehalt als die Normalgruppe. Was die letzteren Futtermittel, die mit wenig Stickstoffgehalt, anlangt, so werden bei ihnen nur die stickstofffreien Teile einen Wert haben, für die auf je 5 Teile 1 Teil stickstoffhaltiger Substanz vorhanden ist. Diejenigen stickstofffreien Teile, für welche der zur vorteilhaften Ausnutzung notwendige Stickstoff nicht vorhanden ist, scheiden aus, können nicht bewertet werden. Oder es müssen, wenn man sie bewerten will, alle stickstofffreien Teile niedriger bewertet werden.

Umgekehrt ist das Verhältnis bei den intensiven Futterstoffen. Die hier durch entsprechende 5 Teile stickstofffreier Stoffe nicht gedeckten, überschiessenden stickstoffhaltigen Nährstoffe besitzen die Fähigkeit, bei Zufügung zu einem extensiven Futterstoff die hier nutzlosen, überschiessenden stickstofffreien Stoffe zu einer rentablen Verwendung zu bringen, es wohnt den intensiven Futterstoffen also noch ein „indirekter Kraftwert" inne, der auch zu bewerten ist. — Zemlicka erhält nun durch verschiedene Rechnungen, denen zu folgen uns hier zu weit führen würde, für jedes Futtermittel, mag es intensiv oder extensiv sein, ein Wertmass, das sich darstellt als eine Funktion des Gesamtnährstoffgehaltes und des Verhältnisses der stickstoffhaltigen zu den stickstofffreien Stoffen [1]). Diese Wertzahl ist um so grösser, je mehr stickstoffhaltige verdauliche Stoffe im Verhältnis zu den stickstofffreien verdaulichen Stoffen in dem betreffenden Futtermittel vorhanden sind. Multipliziert man nun diese Wertzahl mit dem Ertrag, den die oben erwähnte Normalgruppe in der Wirtschaft gebracht hat, so erhält man den Wert von 100 kg des betreffenden Futtermittels.

Vorbedingung dafür, überhaupt einen Wert für die Normalgruppe zu erhalten, ist nun, dass überhaupt ihr entsprechend, das heisst mit dem Verhältnis stickstoffhaltig zu stickstofffrei wie $1:5$ gefüttert wird, dass die Tagesration in diesem Verhältnis die Nährstoffe enthält. Nun rechnet Zemlicka folgendermassen:

Eine Kuh erhielt täglich Nährstoffe im Verhältnis der Normalgruppe, das heisst auf 1 kg stickstoffhaltige verdauliche Stoffe 5 kg (hier 4,95 kg) stickstofffreie verdauliche. Diese Nährstoffmischung setzte sich aus den verschiedensten Futtermitteln zusammen. —

Debet:

Die Kosten der Unterhaltung der Kuh betrugen:

für Stierhaltung . .	fl.	3,06
für Gebäudeerhaltung	fl.	5,00
für Geräte u. s. w.	fl.	2,61
für Wartung samt Futterbereitung	fl.	8,35
Summa:	fl.	19,02

Credit:

Der Ertrag der Kuh betrug:

---

1) Unser Autor benutzt übrigens überall verdauliche Nährstoffe.

| 1800 l Milch à 7 kr. . . | fl. 126 |
| ein Kalb . . . . | fl. 10 |

| Summa: | fl. 136 |

Für Futterverwertung bleibt also übrig fl. 116,98.

Es entfällt von der Gesamtfutterverwertung auf jeden der 365 Futtertage 32,5 kr. Da an jedem Tage etwas weniger als die Normalgruppe, nämlich nur 0,952 kg stickstoffhaltige verdauliche Stoffe [1]) gegeben wurde, so muss dies auf die Normalgruppe 1 kg stickstoffhaltige und 5 kg stickstofffreie verdauliche Stoffe umgerechnet werden, es ergiebt sich dann, dass die Normalgruppe zu 34,21 kr. verwertet ist. Für eine Wirtschaft, in welcher sich die Normalgruppe also mit dieser Zahl verwertet, erhält man durch Multiplikation des Werts mit der in den Tabellen Zemlickas für jedes Futtermittel angegebenen Wertzahl leicht den Geldwert des betreffenden Futtermittels, oder „den Preis, den es auf dem Markt erwirbt". — Eine Modifikation in der Berechnung der Normalgruppe tritt noch ein, wenn unter den verwandten Futtermitteln sich solche befinden, die für Geld angekauft sind und daher zum Kaufpreis gerechnet werden müssen.

Man rechnet dann:

Es entfällt auf den Futtertag . . . . 32,5 kr.
Davon ab für gekaufte, intensive Futtermittel,
die verfuttert sind, laut Kaufpreis . . . . 11,9 kr.
Bleibt für die von der Wirtschaft gelieferten
Futterstoffe . . . . 20,6 kr.

Die Gesamtheit der in letzteren vorhandenen Nährstoffe besitzt zwar nur das Verhältnis 1 : 8,08. Sie ist aber trotzdem als Normalgruppe anzusehen, da sie ja durch die schon bezahlten, intensiven Futtermittel dazu ergänzt wird. Für sie bekommen wir dann in diesem Falle einen Wert von 47,67 kr. als Wert der Normalgruppe [2]), der mit den entsprechenden Wertszahlen zu multiplizieren ist.

1) Und 4,700 kg stickstofffreie, verdauliche Stoffe.

2) Diese höhere Bewertung der Normalgruppe in diesem Fall erklärt sich nach Zemlicka dadurch, dass die konzentrierten Futterstoffe des Handels bedeutend unter ihrem Vermögen, Geld auf dem Markte zu werben, bezahlt wurden, und daher das Ueberschiessende hiervon sich auf die anderen Futtermittel verteile.

Zunächst ist wohl die Fixierung des Wertsverhältnisses der
Nährstoffe 5 : 2,5 : 1 hier unberechtigt, besonders da unser Autor
keine Beweise, ja nicht einmal mehrere Unterstützungen für seine
Annahme anführt. Doch dürfte dies für die Beurteilung seiner
Methode nur von nebensächlichem Werte sein. Dagegen ist von
grösserer Bedeutung der Fehler, der in der Aufstellung einer
einzigen Normalgruppe (mögen die Nährstoffe in ihr in welchem
Verhältnis auch immer vorhanden sein), für die gesamte Fütterung
gemacht wird. Es besteht hierbei in der Praxis nicht einmal
innerhalb desselben Viehhaltungszweiges, geschweige denn innerhalb der gesamten Viehhaltung dauernd das nämliche Verhältnis
der stickstoffhaltigen zu den stickstofffreien Stoffen. Bei der
Mast füttert man nach richtigen Grundsätzen, bald in weiterem,
bald in engerem Nährstoffverhältnis, je nach den Fortschritten
der Mast. Schafe werden nach einem anderen Nährstoffverhältnis
ernährt als Schweine, Jungvieh für spätere Milchleistung anders,
als wenn es später Masttiere abgeben soll. Ein festes Nährstoffverhältnis als Normalgruppe für die ganze Viehhaltung aufzustellen, scheint uns daher nicht angängig zu sein. Will man
aber die Normalgruppe für jeden Viehhaltungszweig gesondert
berechnen, und ebenso für jede Fütterungsperiode, so ergiebt
sich zunächst als Nachteil ein sehr bedeutender Arbeitsaufwand.
Ausserdem, und das führt auf ein weiteres Bedenken, erhält
man je nach dem Viehhaltungszweig und nach der Fütterungsperiode für ganz gleichwertige Futtermittel verschiedene Geldwerte, die sich nicht auf irgend eine Weise begründen lassen. —
Mag man weiter mit einer oder vielen Normalgruppen rechnen,
eine spezielle Rentabilitätsberechnung ist für Wiesen und Viehhaltung wie für den Futterbau auf dem Ackerlande ausgeschlossen.
Die Viehhaltung tritt nur als Futterverwertungsmaschine auf, und
die nach Zemlicka ermittelten Wertszahlen der Futtermittel geben
uns keine Auskunft darüber, ob der eventuell zu geringe Geld-
ertrag für Futtermittel die Folge von Betriebsfehlern beim Ackerbau oder Wiesenbau, bei der Verfütterung, oder bei der Verwertung der Viehprodukte ist.

Ein genaueres Eingehen auf weitere Fehler der Methode
für die Pferdehaltung z. B. ist ein Verwertungspreis der Futtermittel nicht aufzustellen — scheint überflüssig.

Auch ohne ein solches darf aber wohl die Behauptung aufgestellt werden, dass die Geldwertsberechnung von Zemlicka sich niemals einer grösseren Verbreitung erfreuen wird.

Ebenfalls auf den Verwertungspreis stützt sich in seiner Berechnung des Geldwerts der Futtermittel W. Funke[1]. Er stellt sämtliche in einer Wirtschaft verfütterten marktpreishabenden und ebenso die marktlosen Futtermittel zusammen; dann addiert er den Gehalt der marktlosen Produkte an organischer Substanz, an stickstoffhaltigen und an stickstofffreien Stoffen, und vergleicht den Gehalt an letzteren beiden mit dem Gehalt einer gleichen Menge organischer Heusubstanz. In den meisten Fällen wird die Summe der stickstofffreien und die Summe der stickstoffhaltigen Nährstoffe, oder eine davon, in den in der Wirtschaft verbrauchten marktlosen Futtermitteln geringer sein als in der entsprechenden Centnerzahl organischer, heuähnlicher Substanz. Man hat dann durch Zufügung eines entsprechenden marktpreishabenden Futtermittels von den in der Wirtschaft verwendeten derartigen Futtermitteln dafür zu sorgen, dass die beiden Nährstoffsummen der in der Wirtschaft verwendeten marktlosen Futtermittel plus dem betreffenden zugefügten käuflichen Futtermittel gleich sind den entsprechenden Summen einer Menge von organischer Heusubstanz, die sich mit der organischen Substanz der um das Kraftfutter vermehrten marktlosen Futtermittel deckt. Man hat also etwa in Centnern:

	Org.Subst.:	Stickstoff-haltige Stoffe:	Stickstoff-freie Stoffe:
die verbrauchten, marktlosen Futtermittel enthalten	367,3	35,2	194,5
Organische Heusubstanz enthält	367,3	37,8	190,8
Zuviel also			3,7
Zuwenig also		2,6	

Wir fügen zu den marktlosen Futtermitteln zwölf Teile Bohnenschrot. Es enthält dann:

[1) Vergl.: Funke, Betrachtungen über die Wirtschaftsorganisation von Landgütern, 1868.

	Org. Subst:	Stickstoff- haltige Stoffe:	Stickstoff- freie Stoffe:
marktlose Futtermittel plus Bohnenschrot:	377,1	38,2	199,9
Organische Heusubstanz	377,1	38,8	196,0

Stimmt annähernd überein (nach Funke).

Wir haben also für 377,1 Centner organische heuähnliche Substanz den Preis zu ermitteln. Zu diesem Zweck berechnet Funke den Verwertungspreis derselben, indem er von der Einnahme die sämtlichen Kosten ausser dem marktlosen Futter plus Bohnenschrot abzieht. Er verteilt dann den erhaltenen Preis auf den Centner heuähnliche Substanz, und von dieser nun wieder auf die verschiedenen Futtermittel.

Eine eingehende Kritik ist hier nicht auszuüben, da die Arbeit schon wegen ihrer Benutzung heuähnlicher Substanz und dergleichen nicht dem Stande der heutigen Tierernährungslehre entspricht [1]. Ausserdem liessen sich gegen die Ermittelung des Verwertungspreises, gegen seine Verteilung auf das Futter, sowie gegen manches Andere gewichtige Gründe anführen. Die Fehler einer derartigen Berechnungsmethode sind zudem oben [2] schon teilweise auseinandergesetzt [3].

Auch durch die Verwertungsrechnung ist also unser Wunsch nach einer Geldwertsberechnungsmethode der Futtermittel nicht befriedigt worden.

Noch ein eigenartiger Versuch, der durch Verbindung der Produktionskostenrechnung mit der Verwertungspreismethode ein Resultat erzielen will, sei hier erwähnt.

Liebscher ist es, der ihn uns gegeben hat [4], gewissermassen als Facit einer grossen Reihe von Besprechungen verschiedener Geldwertsberechnungsarten. Liebscher selbst giebt einen Ueberblick über den Gang seiner Rechnung folgendermassen:

---

1) Ich hätte deshalb Funkes Versuch vielleicht im ersten Teil bringen sollen. Doch hielt ich die Verwertungspreisberechnung für das Wichtige an seiner Methode und stellte deshalb die vorliegende Reihenfolge her.

2) Vergl. S. 49 u. f. dieser Arbeit.

3) Ein Anhänger des Verwertungspreises ist auch Pohl, auf den ich verweise. Vergl. S. 98 dieser Arbeit.

4) Vergl.: Liebscher, Wertschätzung der in der Landwirtschaft erzeugten und wieder verbrauchten Produkte. Journal für Landwirtschaft, Jahr 1884.

Wir teilen die Gutswirtschaft zunächst ein in zwei Abteilungen:

A. Das Futtermittel erzeugende, verarbeitende und verwertende Konto.

B. Das Marktfrüchte erzeugende uud verkaufende Konto.

Für das Konto A ist eine Berechnung der Erzeugungsund Verwertungskosten nötig, deren Differenz seinen Ertrag vorstellt; betreffs der Nebenprodukte des Marktfruchtbaues, welche ausserdem zur Verfütterung gelangen, sahen wir, dass dieselben nur nach ihrem Surrogatproduktionskostenwerte von dem Konto A übernommen werden können. Die Schwierigkeit der Rechnung liegt nun in der Feststellung der Futtermittelproduktionskosten, und sie beruht darauf, dass dieselbe die Kenntnis von Preisen für Dünger und für Spannarbeiten voraussetzt. Bei der Spannarbeit haben wir aber auch zwei unbekannte Grössen vor uns: 1) Den Wert der vom Spannvieh verzehrten Futtermittel. 2) Den Wert des produzierten Düngers. — Gelingt es den Düngerpreis zu berechnen, so bedingen sich die beiden Grössen Spannarbeitskosten und Futterproduktionskosten aber gegenseitig und sind also durch eine Gleichung leicht zu findeu.

Die Frage nach dem Düngerpreise war also die wichtigste, welche beantwortet werden musste. Das Rätsel löste sich durch die Erwägungen: Erstens, dass die Düngerbestandteile, welche aus der Verfütterung selbstgeernteter, nicht marktgängiger Futtermittel resultieren, aus dem Boden und früherer Düngung desselben in das Futter gelangt sind; dies ganze Quantum kann also in natura dem Acker resp. seinem Besitzer wieder zurückgezahlt werden, ohne Geldwertrechnung. Nur ein Benutzungszins ist dafür zu entrichten; wenn dieser aber ebenfalls in Form von Dünger bezahlt wird, so ist ein Irrthum in der Wertsschätzung des ganzen für den Futterbau gebrauchten, sowie des aus der Verfütterung marktloser Futtermittel resultierenden Düngers unmöglich. Der bei der Verfütterung marktgängiger Futtermittel entstehende Dünger ist aber nur nach Düngermarktpreisen zu schätzen, denn der Marktpreis eines Futtermittels setzt sich zusammen aus Preisen, die für die darin enthaltenen Tiernährstoffe und Pflanzennährstoffe gezahlt werden. — Ist dies aber der Fall, sind die Futtermittelbestandteile, welche Düngerwert besitzen, beim Einkaufe des Futters mit Markt- oder loco Hofpreisen bezahlt, nun, so müssen die daraus resultierenden Dungstoffe ebenfalls zu den gleichen Marktpreisen weiter verrechnet werden, denn die Ankaufspreise können doch nur deshalb gezahlt werden, weil der Acker dieselben für jenen Preis gebrauchen konnte. Sobald wir durch diese Erwägungen die Schwierigkeiten der Düngerwertsberechnung beseitigt haben, ergiebt sich die Lösung der Frage nach der Berechnung der Futterproduktions- und der Spannarbeitskosten, aber, wie schon gesagt, durch eine doppelte Gleichung von selbst. Da sich das gleiche Rechnungsprinzip nun ohne jede Schwierigkeit auch zur Rentabilitätsberechnung für den Marktfruchtbau anwenden lässt, so sind die Hauptprobleme der landwirtschaftlichen Buchführung unserer Ansicht nach durch dasselbe zu lösen, oder es lässt sich damit doch wenigstens die Reinertragsberechnung dem jeweiligen Standpunkte unserer agrikulturchemischen Kenntnisse anpassen. Auch die Ausführbarkeit der Rechnung, die in der bevorstehenden Untersuchung durch die Erörterung so vieler mit unserer Frage zusammenhängender Punkte vielleicht etwas kompliziert erscheinen möchte, dürfte sich nach dem jetzt Gesagten wohl ziemlich einfach darstellen. Namentlich ist dies der Fall, wenn man bedenkt, dass die Resultate der grundlegenden Futterproduktionskostenrechnung nach einmaliger Ausführung so lange benutzt werden können, bis in der Marktlage der Wirtschaft, oder anderen derartigen Verhältnissen, durchgreifende Veränderungen eingetreten sind.

Dies ist Liebschers Ausführung. Es wäre dazu zu bemerken, dass Liebscher durch sie unstreitig „die Hauptprobleme der landwirtschaftlichen Buchführung" ja thatsächlich löst. Nur ist die Frage, ob das in richtiger, unanfechtbarer Weise geschieht, und das ist zu bezweifeln.

Zuvörderst machen wir auf einen sehr wichtigen Punkt aufmerksam. Liebscher will die Geldwertrechnung bezüglich des Düngers, soweit er aus selbsterzeugten, marktlosen Futtermitteln entstanden ist, aufgeben, und dadurch, dass er dem Acker soviel Pflanzennährstoffe, als in den von ihm erhaltenen Futtermitteln enthalten waren, im Dünger wiedergiebt, hier ein vollkommenes Gleichgewicht schaffen. Hiergegen ist zu sagen, dass man ja den „Ersatz"dünger meistens nicht auf das Futterfeld bringen könnte, das ihn in Futtermitteln geliefert hat, dass in der That also nur ein Gleichgewicht seitens des ganzen Ackerlandes gegenüber der ganzen Viehzucht möglich, eine Rentabilitätsberechnung einzelner Schläge also ausgeschlossen wäre. Dann nimmt Liebscher für seine Berechnung an, dass der Düngerstoffverlust der Wiesen durch Berieselung gedeckt würde. Wenn nicht, so müssten wir auch die düngenden Bestandteile des Heues den Produktionskosten hinzuzählen; — zu welchem Werte sie anzunehmen wären, giebt Liebscher aber nicht an.

Der Haupteinwand, der gegen Liebschers Methode des Düngerausgleichs bei selbstgeernteten, marktlosen Futtermitteln erhoben werden muss, ist folgender: Die aus dem Boden und früheren Dünger in die Futtermittel gelangten Pflanzennährstoffe sind, da sie ja von den Pflanzen aufgenommen wurden, sämtlich leichtlöslich gewesen, stellten in jeder Beziehung die für die Pflanzen geeignetste Form der betreffenden Dungstoffe dar. Diese Pflanzennährstoffe höchster Qualität will nun Liebscher durch gleiche Gewichtsteile Stallmistpflanzennährstoffe kompensieren! Durch die sicher eintretenden Verluste aller Art, durch die teilweise Unlösbarkeit oder wenigstens Schwerlöslichkeit der Nährstoffe im Stallmist, wie dadurch, dass diese Nährstoffe teilweise gar nicht zur Ausnutzung durch die Pflanzen kommen werden, ergiebt sich aber mit Klarheit, dass man nicht so verfahren kann. Die in Futtermitteln dem Acker entzogenen Pflanzennährstoffe sind das Beste, was der Acker plus den ihm einverleibten Düngestoffen für die Pflanzen hatte. Die dem Acker wieder im Dünger zurückkommenden Stallmistpflanzennährstoffe werden nur zum Teil, vielleicht in absehbarer Zeit nur zum Dreiviertel, von den Pflanzen wieder aufgenommen werden können; sie sind ihrer Qualität nach nicht mit den thatsächlich aus dem Acker in die Pflanzen gewanderten Nährstoffen zu vergleichen. Es würde zu weit führen, genau auf Liebschers Abhandlung einzugehen, die ja auch unhaltbar ist, wenn man die Möglichkeit seiner Düngerkompensation verneint. Doch möchte darauf hinzuweisen sein, dass auch noch andere Fehler sich in ihr finden. So bemisst Liebscher einen 5 % Düngerzins für den zur Futtererzeugung gebrauchten Dünger, der von den letzten Düngungen herstammt. Die anderweitigen, ebenfalls zum Zwecke der Futtererzeugung dem Boden entnommenen Nährstoffe aber — sie dürften doch grösstenteils auch früherer Düngung und Kultur ihre Entstehung verdanken — verzinst er nicht, wie es dann doch der Gleichmässigkeit wegen nötig wäre. Dann benutzt Liebscher das J. Kühnsche Nährstoffverhältnis 6 : 2,5 : 1, dessen Berechtigung wir nicht anerkennen können[1]). Auch auf eine Berechnung möchte ich hinweisen. Um die Spannarbeitskosten und den Wert einer Nährwertseinheit zu ermitteln, verfährt er so:

Es war bekannt, dass

109075 Nährwerteinheiten aus marklosen Futtermitteln an Produktionskosten 142,55 Spannarbeitstage plus 4695,34 Mark erfordern. Ebenso, dass 240 Spannarbeitstage an Produktionskosten 1286,70 Mark plus 3942 Nährwerteinheiten aus marktlosen Futtermitteln erfordern.

Nun verfährt Liebscher so: Er sagt:

109075 Nährwerteinheiten sind gleich 142,55 Spannarbeitstagen plus 4695,34 Mark, und

240 Spannarbeitstage sind gleich 1286,70 Mark plus 3942 Nährwerteinheiten. Dann berechnet er aus beiden Gleichungen die beiden Unbekannten, und erhält so die Werte für Nährwerteinheiten und Spanntage.

Ob Liebscher hier für „a kostet hundert Mark" sagen kann „a ist gleich hundert Mark", das erscheint fraglich. —

Doch selbst, wenn diese Bedenken hier unbegründet wären, dürften schon die anderen angeführten Gründe zur Zurückweisung von Liebschers Methode genügen. Es kommt noch dazu, dass Liebscher für Stroh, Spreu und ähnliche Nebenprodukte des Marktfruchtbaues, die zur Verfütterung gelangen, die für die marktlosen Futtermittel, also Wiesenheu und Ackerfutterpflanzen, errechneten Produktionskosten einsetzen will. Hierzu liegt bei den so verschiedenen Produktionsverhältnissen der Getreide und Futterpflanzen eine Berechtigung nicht vor. —

Es sei hier noch auf die grosse Umständlichkeit von Liebschers Berechnungen aufmerksam gemacht und auf die Schwierigkeit, manche der nötigen Posten, so zum Beispiel für jedes Feldstück die nötigen Grundkapitalzinsen zu finden; dies alles berechtigt wohl dazu, der Methode des vorliegenden Autors eine grössere Verbreitung nicht zu wünschen, sie nicht zur Anwendung zu empfehlen.

---

1) Vergl. hierüber die Ausführungen auf Seite 74 dieser Arbeit.

VI. Berechnung nach dem Getreiderohertrag.

Es wäre noch eines, wohl nur vereinzelt benutzten Versuches der Geldwertsberechnung der Futtermittel zu gedenken.

Es ist dies eine Methode, nach welcher man den Geldwert der auf einem bestimmten Ackerstück oder Wiese gewachsenen Futtermittel nach dem Rohertrage bestimmt, den dasselbe Feld, mit Getreide angebaut, gebracht hat, beziehungsweise bringen würde. In früherer Zeit ist eine derartige Geldbewertung der Futtermittel wohl auch von Theoretikern empfohlen worden, sogar jetzt noch von Grahl[1]), und auch in der Praxis findet sie heute noch ihre Anhänger. Sie ist ja auch ziemlich bequem, und scheinbar ist es ja auch ganz richtig, wenn der Landwirt zum Beispiel diese Folgerung aufstellt: Wenn ich das Feld, beziehungsweise die Wiese[2]) nicht mit Futter, sondern mit Getreide bestellt hätte, so würde ich 100 Mark Rohertrag[3]) davon gehabt haben. Daher habe ich durch Anbau von Futterkräutern einen Verlust von 100 Mark Rohertrag, ich muss sie folglich zum Wert von 100 Mark dem Vieh anrechnen.

So etwa rechnet ein schlesischer Landwirt[4]), welcher sagt: „Der Morgen mit Getreide würde im Durchschnitt einen Bruttoertrag von 75 Mark bringen, also ist der Morgen Klee dort mit 75 Mark zu veranschlagen." — Bei einem anderen landwirtschaftlichen Schriftsteller finden sich folgende Angaben: „Für Futter-

---

1) Vergl.: Grahl, Die Tierzucht und ihr Ertrag.

2) Bei Wiesen treten Schwierigkeiten schon eher zu Tage.

3) Dieser Rohertrag würde in seiner Berechnung auch auf ziemlich problematischen Grundlagen stehen, wenigstens was die Bewertung des Strohes anbelangt. Vergl. auch den Text weiter unten.

4) Vergl. die Nummer 81 der Zeitschrift „Der Landwirt", 30. Jahrgang.

gewächse setzen wir nicht den Marktpreis in Rechnung, sondern nehmen einen Wert an, welcher erfahrungsgemäss der Rentabilität der anderen Kulturpflanzen, unter Berücksichtigung der niederen Produktionskosten der Futtergewächse entspricht; (unter hiesigen Verhältnissen 2 Mark pro Centner Heu)." — Nähere Angaben fehlen, dieses Verfahren dürfte also mit dem vorhergehenden etwa zusammenzurechnen sein.

Für einen einigermassen scharfsichtigen Beobachter ergeben sich allerdings die Fehler dieser Rechnung von selbst. Wie will man zunächst den Bruttoertrag eines Getreidestückes ermitteln, wenn man den Geldwert des Strohes nicht kennt? Dann ist zu beachten, dass der Wert des erhaltenen Futters sowohl grösser als kleiner sein kann, dass teilweise aus Gründen des Fruchtwechsels, oder der Bodenbeschaffenheit die Notwendigkeit bestehen kann, Futtergewächse auf dem betreffenden Stück zu bauen, dass auf einem für Getreidebau brauchbaren Feldstück der Futterbau aus verschiedenen Gründen missraten kann, und ähnliches mehr. Für Wiesen wird man überhaupt den betreffenden Vergleichsfaktor nicht erhalten können, man denke an durch Trockenheit unfruchtbaren, und für Ackerbau unbrauchbaren Boden, der infolge häufiger Berieselung eine vorzügliche Wiese ist. Das gleiche wird bei oft überschwemmten Flusswiesen der Fall sein. — Was unsere zweite Angabe anlangt, so ist die Rentabilität anderer Kulturpflanzen, wie auch schon erwähnt, der Bewertung der Futterpflanzen nicht zu Grunde zu legen, da hier vielfach ganz andere Grundlagen vorhanden sind. Wie Produktionskosten für die Futtergewächse endlich zu finden sind, hätte uns der fragliche Schriftsteller auch noch zu zeigen.

VII. Geldwertsberechnungen, welche sich auf mehr oder weniger willkürliche Bewertung der einzelnen Nährstoffe gründen.

Die Methoden der Geldwertsberechnung der Futtermittel, die in folgendem behandelt werden sollen, sind grösstenteils die Anschauungen der landwirtschaftlich-theoretischen Autoritäten der letzten zwanzig Jahre. Durchgängig haben diese sich bei der Geldbewertung auf die Zusammensetzung der Futtermittel aus verschiedenen und verschiedenwertigen Nährstoffen gestüzt, um dann nach divergierenden Richtungen hin ein richtiges Verfahren zu suchen. Der hier angewandte Weg ist uns in unserer Abhandlung schon mehrfach begegnet[1]), doch war er dort meist nur ein sekundärer Faktor, während er hier den Angelpunkt der ganzen Berechnung bildet. Man hat die derartigen Verfahren Surrogatpreisrechnungen genannt, und auch wir haben diese Bezeichnung schon in dieser Schrift verwertet. Doch glauben wir, dass der Ausdruck eigentlich zu umfassend ist und bezeichnen daher die zu schildernden Verfahren als

Rechnungen, welche sich auf die Bewertung der einzelnen Nährstoffe gründen, als Nährstoffbewertungsrechnungen.

Wir beginnen mit der Betrachtung der Geldwertrechnungen, bei denen eine mehr oder weniger willkürliche Schätzung bezüglich des gegenseitigen Wertverhältnisses der einzelnen Nährstoffe stattgefunden hat.

---

[1]) So benutzen z. B. auch Henneberg, Graf zur Lippe, Backhaus und Zemlicka, sowie andere, gelegentlich die Zusammensetzung der Futtermittel aus verschiedenen Nährstoffen bei ihren Berechnungen.

Mit recht beträchtlicher Willkür in der Wertschätzung der einzelnen Nährstoffe geht Herr von Hake-Eggersen [1] vor. Nach einer kurzen Auslassung über die Geldwertsberechnungen von J. Kühn [2] und E. Wolff [3] wendet er sich sowohl gegen diese, wie auch gegen die meisten der landwirtschaftlichen Schriftsteller, welche unser Problem bearbeitet haben. Ihrer aller Irrtum beruht seiner Meinung nach darin, dass sie die Verdaulichkeitswerte von dem Marktpreise des Futtermittels abhängen lassen, ohne den Düngerwert der Futtermittel zu berücksichtigen. von Hake zeigt diesen Fehler an mehreren Beispielen und kommt dann zu dem Schluss, dass man zuerst den Düngerwert für jedes einzelne Futtermittel festsetzen und vom Marktpreis abziehen müsse, ehe ein Preis für die verdaulichen Nährstoffe zu finden sei. Er setzt dann nach Analogie des Weender Journals, unter Modifikation nach eigenem Ermessen, den Preis von

1 Pfund Phosphorsäure zu 24 Pfennig,

1 Pfund Kali zu 10 Pfennig,

1 Pfund Stickstoff zu $62\frac{1}{2}$ Pfennig,

also das Pfund Rohprotein zu $\dfrac{62\frac{1}{2}}{6\frac{1}{1}}$ oder zu 10 Pfennig fest.

Diesen Ansätzen entsprechend wird nun der Düngerwert in den Futtermitteln berechnet und vom Marktpreis abgezogen. Will man nun nach der Methode der Gleichungsrechnung aus den Resten der betreffenden Marktpreise den Marktpreis der in ihnen enthaltenen Mengen von verdaulichem Eiweiss, Fett und Kohlehydraten zu ermitteln suchen, so erhält man die widersinnigsten Ergebnisse, sogar Minuswerte. Dieser Umstand ist nun nach von Hakes Meinung ein Zeichen, dass die Rechnung mit Marktpreisen hier nicht zu verwenden, sondern eine solche nach physiologischen Werten einzusetzen ist. Da wissenschaftliche Feststellungen vorläufig darüber noch nicht vorliegen, nimmt von Hake die drei Nährstoffsorten, wenn ich mich so ausdrücken darf, als gleichwertig an. Er fährt dann fort:

„Ich setze daher, um mit den jetzigen Marktpreisen in möglichste Uebereinstimmung zu geraten, sowohl für das Pfund

---

1) Vergl.: Fühlings landwirtschaftliche Zeitung, 28. Jahrgang, den bezüglichen Artikel.

2) Vergl. Seite 72 dieser Arbeit.

3 Vergl. Seite 79 dieser Arbeit.

Eiweiss wie für das Pfund Kohlehydrate drei Pfennige an, und rechne das Pfund Fett infolge seiner hohen, physiologischen Bedeutung mit 10 Pfennig."

Darauf sucht unser Autor in mehreren Beispielen zu beweisen, dass er mit seiner Berechnung den thatsächlichen Marktpreisen näher kommt, als Wolff[1]. Er führt z. B. an:

Weizenkleie:

15,0	Pfund Rohproteïn à 10 Pf.	150	Pf.
1,43	„ Kali à 10 Pf.	14	„
2,73	„ Phosphorsäure á 24 Pf.	66	„

Die Summe des Düngerwertes beträgt
also für Weizenkleie   230 Pf.

12,0	Eiweiss[2]) à 3 Pf.	36	Pf.
43.3	Kohlehydrate à 3 Pf.	129	„
2,8	Fett à 10 Pf.	28	„

Die Summe des Futterwertes beträgt
also für Weizenkleie: 193 Pf.

Der ganze berechnete Wert: 423 Pf.
der von Wolff berechnete Wert   475 „
der thatsächliche Marktpreis   400 „

Aehnlich erhält von Hake bei anderen Futtermitteln Resultate, die den Marktpreisen näher stehen als die von Wolff berechneten Werte. Im weiteren Verlauf seiner Arbeit bemüht sich von Hake nun, im voraus eventuelle Einwände zu entkräften.

Die Verwerfung einer Düngerwertsberechnung zum Zwecke der Bewertung der Futtermittel sucht von Hake nicht weiter zu widerlegen, er wendet sich hier nur gegen Bedenken über die Vorausbewertung der düngenden Bestandteile. Es ist nach seiner Meinung zwar prinzipiell gleichgiltig, welcher von den beiden Werten zuerst berechnet wird, doch ist der Futterwert, als der unsichere, zuletzt vorzunehmen.

Ein weiter möglicher Einwurf bezüglich der durch die Ausscheidungen nicht wieder in den Besitz der Wirtschaft gelangen-

---

1) Vergl. auch Seite 79 dieser Arbeit.

2) Die Zahlen beziehen sich auf Pfunde verdaulichen Eiweisses, bezw. Fett- und Kohlehydrate.

den Düngerbestandteile der Futtermittel, also bezüglich des in Milch, Fleisch und Wolle übergehenden Stickstoffs, Kali und Phosphorsäure, giebt von Hake Anlass zu folgenden Auseinandersetzungen: Misslicher als ein derartiger Fehler wäre es, wenn man den Düngerwert der Futtermittel überhaupt ausser Augen liesse. Ganz würde ausserdem der Einwurf in Wegfall kommen, wenn man für die in Milch, Fleisch und Wolle übergegangenen Nährstoffe als Futterwert den Düngerwert ausserdem hinzurechnet. Ein letzteres Bedenken, das sich möglicherweise erheben könnte, veranlasst von Hake zu einer Modifikation seiner Rechnungsweise. Es ist nämlich der Umstand, dass ein Pfund verdauliche Nährstoffe in konzentrierter Gestalt mehr Wert zu haben scheint, als in voluminöser. Dieser Thatsache will nun von Hake dadurch Rechnung tragen, „dass er je nach der Intensivität der Fütterung verschiedenen Preis ansetzt". Es soll diese Intensität durch das Verhältnis der verdaulichen Nährstoffe in 100 Pfund des Futtermittels zu der organischen Substanz derselben Menge bestimmt werden, und unser Autor erhält so zur Berechnung des Geldwerts eines jeden Futtermittels folgende Formel:

$$\frac{4 \cdot a^{2\,1)}}{\text{organische Substanz}} + 24 \cdot \text{Phosphorsäure} + 10 \cdot (\text{Kali} + \text{Rohprotein})$$

Es würde sich dann der Wert der Weizenkleie bemessen:

$$\frac{4 \cdot 62^2}{81} + 24 \cdot 2,73 + 10 \cdot (15 + 1,43) = 395 \text{ Pf.}$$

also zu 395 Pfennigen, während vorher nach der Berechnung 423 Pfennige gefunden waren, Wolff 475 Pfennige errechnet hatte und der Marktpreis 400 Pfennige betrug. Von Hake sagt denn noch: „Diese Beispiele [2] zeigen, dass die neue Futterrechnung am genauesten den Marktpreis trifft, namentlich in extremen Verhältnissen".

Diese Methode enthält unstreitig einiges Richtige neben manchem Falschen, sie verwendet aber auch die richtig erkannten Wahrheiten nicht zweckmässig.

Die Trennung des Düngerwerts vom Futterwerte, die gesonderte Berechnung beider für jedes Futtermittel ist wohl ein

---

[1] a ist die Summe der verdaulichen Nährstoffe in 100 Pfund, das Fett gleich 2½ gerechnet. Die organische Substanz bezieht sich auch auf 100 Pfund des Futtermittels.

[2] In seiner erwähnten Arbeit giebt von Hake noch mehr ähnliche Beispiele.

wesentlicher Vorzug der Methode von Hake's gegenüber gegenteiligen Anschauungen. Dagegen muss man die Bewertung der düngenden Bestandteile, besonders was Stickstoff und Phosphorsäure anlangt, doch auch für Kali als willkürlich, jedenfalls als unzureichend begründet, beanstanden. Es ist ja selbstverständlich, dass in einer Abhandlung über Geldbewertung der Futtermittel nicht grosse pflanzenphysiologische Auseinandersetzungen und Düngerpreisrechnungen verlangt werden können, aber einige Zeilen, um uns die Wahl eines bestimmten Preises zu begründen, dürften zu fordern sein. Was weiter die Futtergeldwertsrechnung anbetrifft, so kommt von Hake hier zunächst zu dem Schluss, dass die Rechnung mit Marktpreisen nicht zu verwenden sei. Er setzt die zu benutzenden physiologischen Werte zu

3 Pfennige für das Pfund verdauliches Eiweiss,
3 Pfennige für das Pfund verdauliche Kohlehydrate,
10 Pfennige für das Pfund verdauliches Fett an.

Solche physiologischen Ansätze konnte zu jener Zeit wohl niemand mit positiven Gründen absolut wirksam angreifen, freilich fehlte es Herrn von Hake ebenso sehr an Gründen für den Beweis der Richtigkeit seiner Werte. Sie waren eben willkürlich gewählt[1]. Da aber eine derartige Willkür doch vielleicht etwas zu gross erschien, so wählte Herr von Hake die obigen Sätze nicht etwa, wie man denken möchte, nach rein physiologischen Grundsätzen, sondern in Anlehnung an die Marktpreise, deren Benutzung er soeben verworfen. Hiermit, dass von Hake sich zuerst von der Benutzung der Marktpreise lossagt, und wenig Zeilen später sie nicht nur benutzt, sondern auf die Annäherung der von ihm berechneten Zahlen an die Marktpreise triumphirend hinweist, hiermit spricht er seiner Methode selbst das Urteil. Denn damit, dass er die berechneten Werte, die er physiologische nennt, den Marktpreisen entsprechend wählt, fällt sein ganzer Versuch, auf physiologischem Boden Geldwerte zu ermitteln, in sich zusammen. Und wenn man eben mit Marktpreisen operieren will, so bieten doch Wolffs und Anderer Berechnungen dieselben ohne so bedeutende Willkür[2]. Die Rückweisungen eventueller Ent-

1) Da man nicht ersehen kann, in wie fern die Marktpreise, in wie fern physiologische Anschauungen beeinflussend wirken (vergl. den Text weiter), so muss ich diese Bewertung als rein willkürlich bezeichnen.
2) Vergl. jedoch auch Seite 79 dieser Arbeit.

gegnungen, die ich auch angeführt habe, sind, besonders die zweite, recht schwächlich. Den Fehler, der hier durch Berechnung eines Düngerwertes auch für die in Fleisch, Milch und Wolle übergegangenen Pflanzennährstoffe eintritt, will von Hake dadurch fortschaffen, dass er den Düngerwert hier auch Futterwert nennt!

Was die Modifikation der ermittelten Werte entsprechend der Intensität der Fütterung anlangt, so ist dazu zu sagen, dass diese Modifikation nur die Intensität, das heisst hier leichte Verdaulichkeit und Menge der verdaulichen Nährstoffe in gleicher Gewichtsmenge des einzelnen Futtermittels, nicht die Intensität der ganzen Fütterung berücksichtigt. Eine derartige Berücksichtigung hätte nun natürlich ihre grosse Berechtigung, doch scheint der Weg, auf dem von Hake dies Ziel erreichen will, nicht der angemessene zu sein [1]).

Es ist unfehlbar manches in der Arbeit des vorliegenden Schriftstellers vorhanden, das weitergebildet einen Erfolg zu erlangen im Stande gewesen wäre. Wie die Ausführung aber zunächst steht, kann man keinem Landwirt raten, die fraglichen Rechnungsergebnisse in seine Bücher einzuführen.

Eine gewisse Aehnlichkeit mit der eben behandelten Methode besitzt die bei weitem ältere, welche uns **Delius**[2]) giebt. Dieser geht weniger willkürlich vor, und sucht unter anderem durch Benutzung der Verwertungspreise sein Ziel zu erreichen[3]). Der Gang von Delius Untersuchungen ist der folgende:

Nach einigen allgemeinen Auseinandersetzungen sucht er an der Hand verschiedener Fütterungsversuche die Verwertung der Nährstoffe[4]) zu ergründen, wobei er vorläufig Protein und Kohlenhydrate gleich rechnet, und nur das Fett um $2\frac{1}{2}$ höher bewertet.

Unter den in der Litteratur dargebotenen Versuchen hält er nun nur wenige für brauchbar. Da seine Zahlenergebnisse nur dem praktischen Interesse dienen sollen, so sind nur Fütterungsversuche aus der Praxis zu verwenden. Wo ausserdem

---

1) Vergl. auch Seite 151 dieser Arbeit.

2) Vergl.: A. Delius, Reinerträge der Wirtschaftssysteme.

3) Delius hätte daher auch schon vorher, bei der Verwertungspreisberechnung behandelt werden können. Doch schien mir das nicht das Wesentlichste zu sein.

4) Delius rechnet mit Rohnährstoffen.

Angaben über Fütterung und dergleichen fehlten, sind dieselben nach dem Ermessen unseres Schriftstellers nachträglich konstruiert worden.

Es folgen nun Berechnungen für Aufzucht des Rindviehes, Molkenwirtschaft mit

Buttererzeugung,
Milchverkauf,
Ochsenmast,
Wollschäferei,
kombinierte Woll- und Mastschäferei,
Hammelmast,
Schweinezucht mit Ferkelverkauf,
Aufzucht der Schweine,
Schweinemast.

Diese Berechnungen sind sämtlich ohne Berücksichtigung der sonstigen Kosten durchgeführt, sie berücksichtigen nur die während einer gewissen Zeit gegebenen Futtermittel, die während derselben erzeugten Produkte, und deren Gelderlös, um dann die Verwertung der Futtermittel zu finden.

Die so erhaltene Bruttoverwertung ist nun wie folgt angegeben, zugleich damit die Abzüge, welche Delius macht, um zu den reinen Verwertungskosten zu kommen.

Die Verwertung des Futters betrug für 100 Pfund Nährstoffe bei

	a	b	c	d	e	f	g	h	i	
	Milchkühe	Mastvieh	Jungvieh	Wollschafe	Woll- und Mastschafe	Mastschafe	Zuchtsauen	Junge Schweine	Mastschweine	
Bruttoverwertung	44	45	32,5 (21)	18	19	53	70	60	120	Die Zahlenangaben beziehen sich alle auf Silbergroschen.
Ab für Unkosten, als: Verpflegung, Stallung, Inventar, Assekuranz, Arznei, Unglücksfälle, allgemeine Wirtschaftskosten:	10,1	5,6	8,4	6,8	6,8	6,8	14,1	14,8	8,5	
Netto also:	33,9	39,4	24,1 (13)	11,2	12,2	46,2	55,9	45,2	111,5	

Um nun nicht für jeden Zweig der Viehhaltung eine besondere Wertsberechnung nötig zu haben, andererseits aber auch nicht alles auf eine ungenaue Durchschnittszahl zurückführen zu müssen, bildet der Verfasser aus obigen Ergebnissen drei Durchschnittszahlen, und zwar aus c, d, e eine Zahl für niedere Futterverwertung, aus a, b, f eine solche für mittlere und aus g, h, i eine Zahl für hohe Verwertung. Die erhaltenen Zahlen sind:

12,1 Sgr.   39,8 Sgr.   70,2 Sgr.,

welche auf 12, 40 und 70 Sgr. abgerundet werden. Je nach der Verwertung hat man nun die Wertszahlen für 100 Pfund Nährstoffe.

Bei der Wertschätzung der einzelnen Nährstoffe geht nun Delius von der Annahme aus, dass sowohl Protein, wie Kohlehydrate (und Fett) zur Bildung eines jeden der betreffenden Stoffe im tierischen Körper notwendig sind. Ausserdem verwerten sich in tierischen Verkaufsprodukten Protein und Kohlehydrate [1] gleich hoch. Infolgedessen kommt Delius zu dem Schluss, dass Protein und Kohlehydrate gleich hoch zu bewerten seien, was ihren Futterwert anlangt. Doch hält auch er eine Rücksichtsnahme auf den Düngerwert des Proteins für geboten und rechnet daher bei einem Stickstoffpreise von 8 Sgr. pro Pfund für das Pfund Protein 1 Sgr. 3 Pfg. Düngerwert. Dann bewertet er noch das Pfund Kali mit 1,4 Sgr., und Phosphorsäure mit 3 Sgr. Hierauf sich stützend berechnet Delius Futterwertstabellen. Ausserdem macht er auch Angaben für den Fall, dass die Düngerbewertung nicht einzutreten habe, was aber für uns nebensächlich ist. Ebenso glauben wir nicht auf weitere Anleitungen zur Verwendung der Tabellen, mit praktischen Winken vereinigt, eingehen zu sollen, da es hier ja besonders auf das wohl klar auseinandergesetzte Berechnungsprinzip ankommt.

Das Verfahren einer Verwertungspreisrechnung an sich haben wir früher [2] mit den ihm entstehenden Hindernissen kennen gelernt. Hier interessieren uns die Grundlagen, die Delius zu seiner Berechnung benutzt, und die Benutzung einer Verwertungsrechnung für allgemeine Entscheidungen.

---

1) Fett ist hier inbegriffen.
2) Vergl. Seite 49 und folgende dieser Arbeit.

Wir beanstanden in unserer Kritik die Benutzung der Verwertungspreise an und für sich daher nicht.

Aber selbst dann wird man einen Verwertungspreis immer
nur für die Wirtschaft benutzen dürfen, für die er gefunden ist.
nicht aber ihn, wie dies Delius thut, verallgemeinern können.
Man sollte meinen, dass dies ganz selbstverständlich und augen-
scheinlich sei. Delius aber, der seine Verwertungspreise nur aus
einigen, wenigen Beispielen erhält, trägt kein Bedenken, aus ihnen
allgemein gültige Tabellen zu konstruiren, wo doch für jede Wirtschaft die Verwertung der Tierprodukte wieder von anderen Umständen beeinflusst wird. Und was für Beispiele benutzt Delius zu seinen Berech-
rechnungen! Wie schon erwähnt, solche aus der Praxis. Er sagt
darüber: „Da die Zahlen, welche ermittelt werden sollen, keinen
wissenschaftlichen Wert haben können, sondern einzig dem praktischen Interesse zu dienen bestimmt sind, so erscheint es mir
geboten, auch nur aus der Praxis die Beispiele und Resultate zu
entnehmen". — Die Zahlen von Delius aber sind, auch für die
Praxis absolut unbrauchbar, und das ausser anderen Gründen
schon wegen der zu ihrer Ermittelung verwendeten Beispiele.

In einigen einleitenden Worten spricht unser Autor über
die zu verwendenden Fütterungsangaben, und sagt, dei Zahl der
verwendbaren Versuche sei unter Anderem auch deshalb so gering, weil „bei vielen sonst schätzbaren Versuchen irgend ein
Verhältnis, welches zur Vergleichung notwendig, nicht erforscht
oder ungenau mitgeteilt ist". Obwohl er die Wichtigkeit genauer
Fütterungsversuche also einsieht, benutzt Delius gleich zuerst
einen Versuch von Boussingault, bei dem er nicht einmal genau
angeben kann, ob das hier gerechnete Heu in natura verfüttert,
oder nach Heuwerten berechnet ist. In manchen, ja fast allen
weiter benutzten Versuchen, finden sich einige, gelinde gesagt,
Ungenauigkeiten. So ist bei der Berechnung für Molkenwirtschaft die verabfolgte Fütterung nicht mitgeteilt, oder auch nur
ungefähr zu ersehen. Trotzdem ergänzt Delius diese Lücke nach
eigenem Gutdünken und verwendet die Beispiele. Drei folgende
Beispiele leiden an ähnlichen Ungenauigkeiten. Bei der Angabe
über Wollschäferei fehlt das Körpergewicht der Tiere. Das hin-
dert aber Delius nicht, ein solches anzunehmen und den Ertrag
zu berechnen, obwohl auch die Fütterungsangaben höchst unzu-

verlässig sind. Sie werden eben nach Gutdünken ergänzt. Bei der kombinierten Woll- und Mastschäferei endlich ist das ganze Beispiel aus „ideellen Verhältnissen aufgestellt".

Als weiterer Fehler muss bei Delius getadelt werden, dass die Aufstellung der drei Durchschnittszahlen für geringe, mittlere und hohe Verwertung der Willkür keineswegs entbehrt, dass ferner die Bewertung des Proteïns und die Kohlenhydrate einen nur einigermassen beweiskräftigen Stützpunkt nicht besitzt. — Doch genug.

Das Angeführte allein dürfte es gewiss erlauben, ein abfälliges Urteil über das Verfahren von Delius zu fällen, obwohl noch mehr Gründe für ein solches zu finden wären. Um dem Schriftsteller jedoch gerecht zu werden, führe ich eine Aeusserung von Liebscher[1]) an, der hervorhebt, dass Delius als Erster den Marktpreis eines Futtermittels sich zusammengesetzt denkt aus Futter- und Düngerwert. — Gewiss muss man anerkennen, dass durch diese Teilung der Berechnung, die von Hake und andere nachher weiter benutzt haben, ein wichtiger Schritt vorwärts gethan worden ist. Dennoch empfiehlt sich Delius' Methode nicht zur praktischen Benutzung.

Auf einen Umstand, der sich bei den beiden letztbesprochenen Autoren gezeigt hat, und der auch bei später zu besprechenden zu finden sein wird, möchte ich hier noch besonders aufmerksam machen. Während sonst nur (oder hauptsächlich) nach den Geldwerten für solche Futtermittel gesucht wurde, für die man einen Marktpreis aus irgend welchen Gründen nicht benutzen zu können glaubte, wird hier auch für eklatant marktgängige Produkte ein Geldwert zu berechnen versucht, beziehungsweise sucht man über die relative Höhe des Marktpreises bei verschiedenen Handelsfuttermitteln ein Urteil zu ermöglichen. Von hier an übernimmt die Geldwertsberechnung der Futtermittel also eine doppelte Aufgabe; erstens sucht sie für die marktpreislosen Futtermittel einen einzusetzenden Geldwert zu ermitteln, und zweitens will sie uns benachrichtigen, ob die Marktpreise dem wirklichen Gehalt des Futtermittels entsprechend höher oder niedriger sind als bei anderen Futtermitteln. Sehr deutlich spricht sich auch

---

1) Vergl. Liebschers schon öfters erwähnte Arbeit im Journal für Landwirtschaft, 1884.

Julius Kühn[1] aus, indem er sagt: „diese Nährwertszahlen[2] sollen über die Preiswürdigkeit der in der eigenen Wirtschaft zu erbauenden oder auf dem Markte angebotenen Futtermittel unterrichten". — Die Beurteilung der marktgängigen Futtermittel, und damit die Hilfsmittel, welche uns die Geldwertsberechnung dazu bietet, sind nun mit der Zeit immer wichtiger geworden in demselben Verhältnis wie der Verbrauch der Handelsfuttermittel in der Landwirtschaft gestiegen ist. Und heute dürfte die wichtigste Funktion der Geldwertsberechnung der Futtermittel die Ermöglichung eines Urteils über die Preiswürdigkeit der Handelsfuttermittel sein, und die Geldbewertung der marktlosen Futtermittel wohl erst in zweiter Linie kommen. Auf diese Thatsachen komme ich später noch kurz zurück. Für jetzt genüge dieser Hinweis.

Die nun zu betrachtenden Geldwertsberechnungen gründen sich ebenfalls auf eine Bewertung der Nährstoffe in denselben. Diese geschieht auch ziemlich willkürlich. Als Hauptunterschied ist den schon besprochenen Methoden gegenüber hervorzuheben, dass sich die endliche Berechnung unter Zuhilfenahme von Marktpreisen vollzieht.

Als Hauptvertreter derartiger Anschauungen ist **Julius Kühn**[3] zu betrachten, und seine Methode soll hier dargestellt, sowie auf ihren Wert geprüft werden. Kühn legt seiner Geldwertsberechnung ebenso wie seinen ähnlichen Lehren ein Wertverhältnis des verdaulichen Proteïns zu dem verdaulichen Fett und verdaulichen Kohlehydraten wie 6 : 2,4 : 1 zu Grunde, und motiviert dies, wie folgt: „Da wir für das Gesamtfutter des produzierenden Tieres auf einen Teil wirkliches, verdauliches Proteïn mindestens sechs Teile der übrigen Futterbestandteile zu rechnen haben, mindestens sechs Teile der letzteren also für eine derartige Ration ebenso unerlässlich erfordert werden, wie ein Teil wirkliches[4], verdau-

1) Vergl.: J. Kühn, Die zweckmässigste Ernährung des Rindviehes. 11. Auflage 1897.

2) Die von Kühn in dem erwähnten Buche selbst angegebenen Zahlen. Vergl. auch unten.

3) Vergl.: Julius Kühn, Die zweckmässigste Ernährung des Rindviehes. 11. Auflage 1897. Ferner: Julius Kühn, über die Wertbestimmung der Futterbestandteile. Fühlings Zeitung, Jahrgang 1878.

4) Die Amide haben nach Kühn einen geringeren Wert als das reine Eiweiss, und sind diesem nicht ohne Weiteres zuzurechnen. Auch die anderen Tierphysiologen

liches Eiweiss, so können wir diese beiden Stoffgruppen in dem bezeichneten Verhältnis für die Erreichung eines bestimmten Nährzweckes als gleich notwendig, also auch für die Preiskalkulation als gleichwertig ansehen. Demgemäss rechnen wir für einen Teil des wirklichen Proteïns das sechsfache von dem Preise eines Teils der stickstofffreien Extraktstoffe. In der letzteren schliessen wir 80 $^0/_0$ der verdaulichen Holzfaser[1]) und das Nichtproteïn mit ein". Das Fett bewertet Kühn nach seinem Verbrennungswert 2,4 mal so hoch wie die stickstofffreien Extraktstoffe[2]) und bezeichnet ein Gewichtsteil der letzteren als eine Nährstoffeinheit. Es repräsentiert dann ein Gewichtsteil Fett 2,4 Nährstoffeinheiten und ein Gewichtsteil wirkliches, verdauliches Protein entspricht sechs Nährstoffeinheiten. Berechnet man die Zahl dieser Nährstoffeinheiten pro 100 kg Heu mittlerer guter Beschaffenheit, und dividiert man mit derselben in den derzeitigen Durchschnittspreis von 100 kg Heu, so erhält man den Preis für eine Nährstoffeinheit. Mit dem so gewonnenen Einheitspreise kann man dann den Wert jedes anderen Futtermittels, dessen Stoffgehalt ermittelt wurde, im Verhältnis zum bestehenden Heupreise[3]) berechnen."

---

schliessen sich Kühn darin an, dass die Amide nicht dem Eiweiss gleichwertig sind, wenn auch über die Höhe des Wertes noch Meinungsverschiedenheiten bestehen.

Von Bedeutung für die Wertschätzung der Amidsubstanzen sind u. a. die von Kühn veranlassten Untersuchungen von Chomsky im 12. Hefte der Berichte aus dem phys. Laborat. etc. zu Halle.

Vergl. auch Seite 153 dieser Arbeit.

1) Zu dieser Berechnung gelangt J. Kühn, vergl. besonders Teil II des Buchs: „Die zweckmässigste Ernährung des Rindviehes", unter Berücksichtigung der verschiedenartigen Untersuchungen der neueren Agrikulturchemiker, und besonders gestützt auf die unter seiner Leitung ausgeführten Versuche des Dr. Holdefleiss, veröffentlicht im Heft 12 der Berichte aus dem physiologischen Laboratorium und der Versuchsanstalt des landwirtschaftlichen Instituts der Universität Halle. Da ich später sowohl Kühns Rohfaserzahlen, wie die Angaben über Amide benutze, so schien es angemessen, schon hier auf die Grundlagen der Anschauungen Kühns einzugehen.

Vergl. auch Seite 152 dieser Arbeit.

2) Dass es bei intensiver Mast in ölreichen Samen- und Fabrikattionsrückständen höher, und zwar zu den Preisen des rohen Rübenöls verrechnet werden soll, scheint von zu geringer Bedeutung zu sein, als dass wir genauer darauf einzugehen hätten.

3) Hier folgt in der „Ernährung des Rindviehes", Auflage 11, diese Anmerkung Kühns. „Professor König hat in dem zweiten Bande seines Werkes über die Zusammensetzung und Verdaulichkeit der Futtermittel gegen das von mir empfohlene

Dies sind die in Kühn's „Ernährung des Rindviches" angegebenen
Leitsäze. Ich schliesse ihnen einige weitere Angaben von ihm
an. So verlangt er, die verdauliche Substanz, sei es in Grünfutter, Rauhfutter, Hackfrückten oder Körnern und dergleichen,
gleich zu bewerten, und nicht etwa den Körnern und ihren Bestandteilen Vorzugspreise zu gewähren. Was die Bewertung der
in den Futtermitteln enthaltenen Pflanzennährstoffe anlangt, so
weist Kühn zwar auf die grosse Bedeutung besonders des Stickstoffes für den Ackerbau hin, ohne jedoch eine spezielle Geldbewertung der Pflanzennährstoffe bei seiner Geldwertsberechnung
der Futtermittel eintreten zu lassen.

Bei Beurteilung der Kühnschen Methode steht zweifellos
fest, dass die Benutzung der Angaben für verdauliche Nährstoffe
von grosser Bedeutung, und dies Verfahren entschieden der
Rechnung mit Rohnährstoffen vorzuziehen ist. Darauf kommen
wir aber noch später zurück[1]. Weiter verlangt Kühn eine Bewertung des verdaulichen Proteïns zu verdaulichem Fett zu verdaulichen stickstofffreien Extraktstoffen wie 6 : 2,4 : 1. Gegen
diese Annahme haben sich manche der neueren landwirtschaftlichen Schriftsteller ausgesprochen. So nennen wir König[2], weiter
Pohl, W. Henneberg[3]. Ausserdem haben noch viele anderen

Wertsverhältnis der Nährstoffe 6 : 2,4 : 1 Einwendungen erhoben, die jedoch unge-
rechtfertigt sind, wie ich in dem in Druck befindlichen 13. Heft der „Berichte aus
dem physiologischen Laboratorium und der Versuchsanstalt des landwirtschaftlichen
Instituts" näher nachweisen werde. Dort werde ich auch zeigen, dass die nach den
Marktpreisen der Kraftfuttermittel berechneten Verhältniszahlen der Nährstoffe 5 : 5 : 1
oder 3 : 2 : 1 oder 2,5 : 1,5 : 1 für die Berechnung des wirtschaftlichen Wertes der
Futtermittel nicht geeignet und irreleitend sind". —

Dazu erlaube ich mir die Bemerkung, dass diese Widerlegung Königs, sowie
überhaupt eine auf die Geldwertsberechnung der Futtermittel bezügliche Abhandlung
Kühns weder im fraglichen, 13. Heft der „Berichte", noch meines Wissens in einem
anderen Buch der neuesten Zeit vorhanden ist, Kühns weitere Gründe und Ent-
gegnungen sich daher leider meiner Beurteilung entziehen.

Bezüglich der angeführten Arbeiten Königs habe ich zu sagen, dass unter diesem
Ausdruck die Arbeiten der Kasseler Kommission (vergl. Seite 105 dieser Arbeit) zu
verstehen sind, an deren Ausführung König das Hauptverdienst hat.

1) Vergl. auch Seite 113 dieser Arbeit.
2) Vergl.: König und Dietrich, Zusammensetzung und Verdaulichkeit der Futtermittel, Bd. II. Ferner die Ausführungen über die Methode der Kasseler Kommission, und die dort angeführte Litteratur in dieser Arbeit Seite 106.
3) Vergl. Seite 113 dieser Arbeit.

landwirtschaftlichen Schriftsteller der Meinung Kühns entgegen-
gesetzte Anschauungen vertreten, wie uns die Folge zeigen wird,
wenn sie sich auch nicht direkt gegen ihn wendeten.
Pohl[1]) sagt z. B.: „In dieser Schlussfolgerung[2]) begeht selbst
der so sehr verdienstvolle Forscher einen Denkfehler. Weil, sagt
er sich, die Fütterungslehre, das ist die Technik, lehrt, dass im
Futter zwischen Proteïnstoffen und Kohlehydraten ein Gewichtsverhältnis wie 1 : 6 bestehen soll, so müssen die ersteren auch
den sechsfachen wirtschaftlichen Wert haben von den letzteren.
Dabei wurden zwei Gedanken miteinander in Kausalnexus gebracht, die weil verschiedenen Gebieten angehörend, zu einander
in gar keiner Beziehung stehen können. Der erstere Gedanke
drückt ein durch die Technik diktiertes Verhältnis aus, und der
letztere stellt eine Relation dar auf wirtschaftlichem Gebiet. Ein
Kleidermacher braucht z. B. für Herstellung eines zu verferti-
genden Kleidungsstückes 1 qm Sammet und 6 qm Schafwollstoff.
Liesse sich hier auch sagen, weil aus technischen Gründen die
beiden Stoffe in diesem Verhältnis gebraucht werden, so besteht
auch zwischen ihren Masseinheiten ein Geldwertsverhältnis wie
6 : 1 ?"

Auch W. Henneberg[3]) wendet sich in einer längeren, sehr
eingehenden Ausführung gegen Kühns Annahme. Er weist zu-
nächst nach, dass nicht für das Gesamtfutter des produzierenden
Tieres stets auf ein Teil wirkliches verdauliches Proteïn sechs
Teile stickstofffreie Extraktstoffe zu rechnen seien. Er sagt:
„Nach J. Kühn selber kann das Verhältnis bei der Fütterung
von Milchkühen zwischen 1 : 5 und 1 : 7 wechseln, und sind als
Nährstoffverhältnisse bei der Aufzucht von Kälbern:

$$
\begin{array}{ll}
\text{im Säugealter} & 1 : 3,3 \\
\tfrac{1}{4}\ \text{Jahr alt} & 1 : 4,8 \\
\tfrac{1}{2}\ \text{Jahr alt} & 1 : 5,4 \\
\tfrac{3}{4}\ \text{Jahr alt} & 1 : 6,2
\end{array}
$$

---

1) Vergl.: Pohl, Der wirtschaftliche Wert der marktlosen Vermögensteile des
Landwirts. Landwirtschaftliche Jahrbücher, Bd. X, 1881.

2) Pohl knüpft an die Seite 72 dieser Arbeit wiedergegebene Aeusserungen
Kühns an.

3) Vergl.: W. Henneberg, Ueber Wertschätzung der Futterstoffe. Journal für
Landwirtschaft 31, Jahrgang 1883.

1 Jahr alt   1 : 7

2. Jahr   1 : 8

bei der Mastung von Ochsen

     im Anfange der Mast   1 : 6

     in der Hauptmastperiode   1 : 5,4

     in der letzten Mastperiode   1 : 5,4

zu empfehlen. — Man würde danach berechtigt, oder vielmehr geradezu darauf angewiesen sein, das Geldwertsverhältnis der stickstoffhaltigen und stickstofffreien Stoffe je nach der Art der Produktion, zu welcher die Futterstoffe dienen, ziemlich erheblich verschieden zu wählen. — Ich gebe ferner zu bedenken, was bei einer Verallgemeinerung der obigen Schlussfolge [1]) sich ergeben müsste. Sie würde offenbar zu dem Ausspruch führen: In einer aus zwei (oder aber eventuell auch aus mehreren) Bestandteilen bestehenden Mischung, deren Leistung für einen gewissen Zweck von dem Gewichtsverhältnis der Bestandteile abhängt, verhält sich der Geldwert der Bestandteile umgekehrt, wie sich die Gewichtsmengen derselben in derjenigen Mischung verhalten, welche für den beabsichtigten Zweck das meiste leistet. — Hätte es damit seine Richtigkeit, so würde man unter anderem zu schliessen haben: In dem Bessemerstahl, der sich am besten zur Verwendung für Maschinenteile eignet, sind 0,4 %, in solchem, der sich am besten für schneidende Werkzeuge eignet, sind 0,6 % Kohlenstoff neben 99,6 % Eisen (mit Einschluss geringer Mengen anderer Bestandteile) enthalten. Folglich verhält sich der Geldwert des Kohlenstoffs zu dem des Eisens im Stahl, je nachdem der eine oder andere Verwendungszweck in Betracht gezogen wird, wie 996 : 4 oder 994 : 6. — Das günstigste Verhältnis zwischen Trockensubstanz und Wasser inklusive Tränkwasser ist im Mastfutter des Ochsen (ungefähr) = 1 : 4, im Mastfutter des Schafes (ebenso) = 1 : 2 1/2. Folglich verhält sich der Geldwert der Trockensubstanz zu dem des Wassers wie 4 : 1 bei der Mastung von Ochsen, bei der Mastung von Schafen wie 2 1/2 : 1 u. s. w. Es liegt auf der Hand, dass alle diese relativen Geldwerte rein fiktive Werte sind, und ich vermag nicht einzusehen, dass die in unserem Spezial-

---

1) Henneberg bezieht sich hier auf die Mitteilungen Kühns, die ich Seite 72 dieser Arbeit gegeben habe.

falle nach demselben Prinzip abgeleiteten Werte eine Ausnahme von der Regel machen." — Soweit W. Henneberg[1]). —

Selbst von der Goltz[2]), der im übrigen ein dem Kühnschen sehr ähnliches Wertsverhältnis benutzt, wendet sich gegen die absolute Sicherheit von Kühns Ausführungen. Er sagt[3]): „Indessen wäre diese Schlussfolgerung Kühns[4]), welche die schwierige Frage mit einem Schlage lösen würde, doch nur unter der Voraussetzung richtig, dass sich jene beiden Nährstoffgruppen untereinander zu ersetzen vermöchten, was aber nach unserer dermaligen Erkenntnis der Ernährungsprozesse nicht angenommen werden kann." Diese Anführungen mögen als Beispiele der Beurteilung von Kühns Methode bei ihren Gegnern genügen. Es dürfte richtig erscheinen sich ihnen weder völlig anzuschliessen, noch ganz neue Gesichtspunkte aufzustellen, sondern sie nur in soweit zu benutzen, als sie völlig berechtigt zu sein scheinen. —

Eine Forderung der Tierernährungslehre ist die Forderung von 6 Teilen stickstofffreier Extraktstoffe auf ein Teil Proteïn[5]). Es kann aber nimmermehr daraus die Folgerüng gezogen werden, dass sie gleichen, wirtschaftlichen Wert, oder gleichen Geldwert besässen. Dieses wäre nur dann möglich, wenn man 6 Teile stickstofffreie Extraktstoffe für 1 Teil Proteïn und umgekehrt einsetzen könnte[6]), wenn diese für die Tierernährungslehre nicht „gleich notwendig", sondern „gleichwertig" wären. Dass sie in einem bestimmten Verhältnis gleich notwendig sind, besagt noch gar nichts und giebt uns ebensowenig ein Recht, ihnen gleiche Preise beizulegen, als wir dem Stroh den gleichen Preis

1) Henneberg geht in seinen Ausführungen noch weiter, und sucht J. Kühn noch eingehender zu widerlegen. Da sich jedoch seine weiteren Angaben nicht gegen Kühns Forderungen richten, sondern gegen aus ihnen erst durch Henneberg selbst gezogene Schlüsse, so glaube ich sie hier gegen Kühn nicht anführen zu dürfen, und begnüge mich, auf den betreffenden Teil der Abhandlung Hennebergs: Ueber Wertschätzung der Futterstoffe, Journal für Landwirtschaft 31, Jahrgang 1883, zu verweisen.

2) Vergl. Seite 89 dieser Arbeit.

3) Vergl.: von der Goltz, Taxationslehre, 2. Auflage.

4) Vergl. die Worte Kühns auf Seite 72 dieser Arbeit.

5) Bezieht sich natürlich alles auf verdauliche Nährstoffe.

6) Dass eine Vertretung der Nährstoffe unter gewissen Bedingungen in der That eintritt, werden wir nachher zeigen. Aber es geschieht weder in dem von Kühn angegebenen Verhältnis, noch hat sich Kühn auf die hier grundlegenden Untersuchungen jemals bezogen.

wie den Körnern geben können, von denen ja eins ohne das andere auch unmöglich zu erzeugen ist, beide auch gleich notwendig sind.

Entsprechend glauben wir auch Kühns Vorschlag, den wir nur als eine willkürliche Methode der Nährstoffbewertung bezeichnen können, zurückweisen und versuchen zu müssen, auf einem anderen Wege zur Wertschätzung der verschiedenen Nährstoffe zu gelangen.

Von dem Versuch Kühns, ein Wertsverhältnis der verdaulichen Nährstoffe zu einander festzustellen, gehe ich zu der Art und Weise über, wie er den Geldwert einer nach seinem Verfahren ermittelten Nährwerteinheit feststellt. Er benutzt, wie schon oben erwähnt, hierzu den Heupreis, und zwar den derzeitigen Durchschnittspreis von Wiesenheu mittlerer gesunder Beschaffenheit. Kühn beruft sich auf Krämer, dessen Ansichten wir schon behandelt haben, und ist der Ansicht, dass der Marktpreis des Heues bei allen entwickelteren Betriebsverhältnissen wohl geeignet ist, zur Ermittelung des Wertes der Nährstoffeinheit zu dienen. Wo ein Marktpreis des Heues nicht ermittelt werden kann, oder dieser wegen mangelnden Angebots oder aus anderen Gründen von abnormer Höhe ist, muss der Wert des Heues durch Schätzung unter Berücksichtigung der örtlichen Produktionskosten festgestellt werden.

Hierzu ist zunächst zu sagen, dass aus den schon oben[1]) auseinander gesetzten Gründen ein Marktpreis für Heu nur in seltenen Fällen für benutzbar gehalten werden, und keinenfalls bei allen entwickelteren Betriebsverhältnissen in Anwendung kommen kann. Sollte der Preis in allen diesen Fällen durch Schätzung auf Grund der so schwierig, und auch dann nur ungenau zu ermittelnden Produktionskosten bestimmt werden, so würde eine grosse Unsicherheit in der Rechnung entstehen. Für diese ist überdies auch schon dadurch genügend Platz geschaffen, dass es dem Gutachten des einzelnen Landwirts überlassen bleibt, wann infolge „abnormer Höhe" des Heupreises von der Benutzung

1) Vergl. Seite 19 dieser Arbeit. In seiner Taxationslehre spricht von der Goltz noch speziell gegen Kühns Bewertung der Nährwerteinheit nach dem Marktpreise des Heues. Wir müssen uns jedoch damit begnügen, darauf hinzuweisen, ohne damit die dort geltend gemachten Anschauungen völlig für die unsrigen zu erklären.

der Marktpreise abzusehen ist, ferner, welches Heu er für Wiesenheu von mittlerer, guter Beschaffenheit hält.

Aus zwei Gründen, wegen der Bewertung der einzelnen
Nährstoffe wie wegen der Benutzung der Marktpreise des Heues,
dürfte von einer Empfehlung der Geldberechnungsmethode Kühns
abzusehen sein [1]).

An Kühn schliessen wir die Besprechung der Futtergeldbewertung von Emil Wolff an. Er hat wohl als erster eine solche
auf Grund der damals von der Wissenschaft neu aufgefundenen
Thatsachen versucht und ist dann lange Jahre bemüht gewesen,
seine Berechnung dem Stande der Wissenschaft entsprechend
weiter zu bilden. Zunächst legte Wolff derselben die Bewertung
der einzelnen Nährstoffe unter und schuf so eine wichtige Grundlage, auf welcher seitdem die Mehrzahl der dasselbe Thema behandelnden Schriftsteller weiter gebaut hat. Dem damaligen
Standpunkte der Wissenschaft entsprechend wurden Rohnährstoffe benutzt. Das Verhältnis derselben zu einander versuchte
Wolff zuerst aus dem physiologischen Verhalten der Nährstoffe
im Tierkörper zu bestimmen [2]). Dann ging er aber mehr und
mehr von diesem Verfahren ab und bestimmt das Verhältnis
nach seinen Fütterungsversuchen und den daraus gewonnenen
Resultaten über die Wichtigkeit der einzelnen Nährstoffe, unter
Anlehnung an die Marktpreise der Nährstoffe in den Kraftfuttermitteln. So ergaben sich denn verschiedene Verhältniszahlen.
Zuerst bewertete Wolff das Proteïn fünfmal so hoch wie die
Kohlehydrate. Dann setzte er je nach der Art der Futterstoffe
verschiedene Verhältniszahlen ein:

1 Pfund Proteïn kostete in

---

1) Ganz ähnlich wie dieser verfährt der Franzose Leclerc, vergl. Journal d'agri-
culture pratique 1881. Er nimmt ein Wertsverhältnis der Nährstoffe wie 6 : 2 : 1 an,
und sucht nun durch „Tastversuche" die einzelnen Geldwerte ausfindig zu machen.
Näher auf diesen Autor einzugehen, muss ich nach meinem Grundsatze, nur deutsche
Arbeiten zu berücksichtigen, unterlassen.

Im Zusammenhang nenne ich noch den französischen Forscher Crispo, der
gleichfalls im oben erwähnten Journal seine Forschungen veröffentlicht hat. Sie gehen
allerdings in anderer Richtung als die Leclercs.

2) Vergl.: Emil Wolff, Die naturgeschichtlichen Grundlagen des Ackerbaues.
Leipzig 1854.

Körnern, Wurzeln, Früchten   1,6 Sgr.
gewerblichen Abfällen   1,0 „
Stroharten . . . .   0,8 „
1 Pfund Fett entsprechend 2,0— 1,25 — 1,0 Sgr.
und
1 Pfund Kohlehydrate 0,6—0,8—0,35—0,50—0,3 Sgr.

Es waren ferner die Nährtoffverhältnisse dementsprechend in Körnern, Wurzeln und Früchten: Proteïn: Fett: Kohlehydrate wie . . . . .   2,3 : 2,9 : 1
in gewerblichen Abfällen wie .   2,4 : 3,0 : 1
und in Stroharten wie . . . .   2,7 : 3,3 : 1

Als Wolff später zur Rechnung mit verdaulichen Nährstoffen überging, änderten sich naturgemäss die Verhältniszahlen. Diese schwankten auch des weiteren erheblich, was wohl durch die Bemühungen Wolffs sich in seinen Berechnungsresultaten möglichst den Marktpreisen zu nähern, veranlasst wurde. So finden wir nacheinander zum Beispiel die Verhältnisse von verdaulichen Proteïn zu Fett zu stickstofffreien Extraktstoffen wie:

6 : 2,5 : 1
6 : 5 : 1
5 : 5 : 1
3 : 2 : 1

Die letzte Angabe hat Wolff beibehalten[1]. — Wenn man diese Zahlen überblickt und sich mit den Umständen ihrer Entstehung beschäftigt, so kann man nicht leugnen, dass sie trotz der mehr und mehr hervortretenden Anlehnung an die Marktpreise doch mit einer gewissen Willkür aufgestellt sind, wenn auch diese nicht so gross ist wie bei Kühn. Dies ist auch der Grund, weshalb Wolff in unserer Besprechung hier seinen Platz fand.

Der schliessliche Standpunkt Wolffs in der Frage nach der Geldbewertung der Futtermittel war nun der folgende[2]:

Unter Annahme eines Verhältnisses der verdaulichen Nährstoffe wie 3 : 2 : 1 berechnete Wolff mit Hilfe der Marktpreise einen Preis von 33 Pfennig für das Kilogramm verdauliches

---

[1] Vergl. hierüber die verschiedenen Ausgaben des landwirtschaftlichen Kalenders von Mentzel und von Lenzerke.

[2] Vergl.: Wolff, landwirtschaftliche Fütterungslehre, 2. Auflage.

Proteïn, 22 Pfennigen für das Kilogramm Fett und 11 Pfennigen für das Kilogramm Kohlehydrate, und setzt hiernach für sämtliche Futtermittel Geldwerte ein, die er allerdings nur als relative bezeichnet. Ausserdem giebt er beschränkend an, dass der Wert besonders der schlechteren Rauh- und Grünfutterarten durch seine Geldwertsberechnung wahrscheinlich überschätzt werde, und ähnliches. Ueber den Düngerwert, der den Futtermitteln inne wohnt, oder vielmehr über eine eventuelle Bewertung der düngekräftigen Bestandteile der Futtermittel äussert sich Wolff unbestimmt. Nach ihm kommt bei der Beurteilung des Gebrauchswerts eines Futtermittels in erster Linie und zunächst ausschliesslich der Futterwert in Betracht. Es ist durchaus bedingt durch die jedesmaligen Verhältnisse, welche allerdings in Erwägung gezogen werden müssen, ob ausserdem irgend eine Dungwirkung in Geld sich berechnen lässt. — Bezüglich der berechneten Futtergeldwerte giebt Wolff noch an: die eigentlich physiologische Bedeutung der Nährstoffe kommt bei der Geldwertsberechnung zunächst nicht in Betracht, sondern nur die Frage, wo und in welcher Form die eine oder die andere Nährstoffgruppe am billigsten zu haben ist, wenn dieselbe für die Fütterung überhaupt oder für einen besonderen Zweck derselben durch Ankauf herbeigeschafft werden muss."

Es fehlt der Methode Wolffs unserer Ansicht nach die nötige Klarheit und Bestimmtheit, so z. B. darüber, was die Geldwerte, die wir in den verschiedenen Tabellen finden, dem Landwirt [1]) nun eigentlich angeben sollen. Wo Wolff über eine eventuelle Düngerbewertung der Futtermittel spricht, erwähnt er [2]) den „Gebrauchswert" der Futtermittel. Und das ist ja auch wohl dasjenige, was der Landwirt in den meisten Fällen sucht, und was viele, besonders in den Wolffschen Tabellen, des Mentzel und von Lengerke Kalenders, zu finden glauben. Dagegen spricht Wolff an anderen Stellen von einem relativen Geldwert der Futtermittel, ohne diesen Ausdruck näher zu definieren, und

---

1) Ich möchte hier auf einen Druckfehler aufmerksam machen, der sich in Wolffs Fütterungslehre, Seite 244 u. 245 der sechsten Auflage, findet. Dort steht nämlich zweimal über der Geldwertstabelle: Geldwert pro 100 kg, statt pro 50 kg, was entschieden unangenehme Irrtümer bei flüchtiger Benutzung durch praktische Landwirte veranlassen kann.

2) Vergl. Seite 246 dieser Arbeit.

bringt dann die Angaben über die Bedeutung der Geldwerte, an die unsere Betrachtungen anknüpfen. Wir urteilen nun so: Wenn Wolff dem Landwirt nur in dem Sinne dieser letzten Angaben Hülfe leisten wollte, ihm nur zeigen wollte, wo und in welchem Futtermittel die eine oder die andere Nährstoffgruppe derzeit am billigsten zu haben sei, dann musste er sich vollständig und ganz ausschliesslich an die Marktpreise anschliessen, wie dies die Rechnungsweise der Kasseler Kommission z. B. thut [1]). Denn dann kam es darauf an, wieviel der Markt im Durchschnitt für 1 kg Protein zahlt im Verhältnis zu stickstofffreien Extraktstoffen u. s. w., und in welchem Futtermittel die Durchschnittspreise des Marktes für die verschiedenen Nährstoffe überschritten, in welchem sie nicht erreicht werden [2]). — Dann war aber auch die Aufgabe, welche sich Wolff stellte, eine ziemlich geringe. Wollte er aber uns in seinem Geldwert einen Massstab für den Gebrauchswert geben, der auch zur Beurteilung der Marktpreise dienen kann, was dem Vorgehen Kühns entsprochen haben würde, was auch Hunderte von Landwirten von den Wolffschen Geldwerten erwarten, dann wäre wenigstens eine etwas genauere Begründung der Zahlen zu erwarten gewesen, denn wenn die Preise von 33 Pfennig für verdauliches Protein u. s. w. mehr sein sollen, als ein blosser Auszug aus den Marktpreisen, dann beweist es nichts für ihre Richtigkeit, dass ihre Einsetzung in ein Futtermittel wieder annähernd den Marktpreis ergiebt. Dann fällt jede Berechtigung fort, ein Nährstoffverhältnis deswegen anzunehmen, weil „auf solche Weise die durch Rechnung gefundenen Geldwerte mit den wirklichen Marktpreisen der einzelnen Futterarten im Durchschnitt besser übereinstimmen als auf Grund der früheren Zahlen." So kommen wir zu dem Schlusse, dass Wolffs Geldwertszahlen der Futtermittel, von den ihnen anhaftenden, trotz des Zugeständnisses des Autors nicht geänderten Fehlern abgesehen, auch anderweitig Mängel genug bieten, so dass man ihre Benutzung nicht empfehlen kann. Hervorzuheben ist, dass genaue Angaben über das, was diese Tabellen leisten, be-

---

1) Vergl. Seite 105 dieser Arbeit.

2) Welche Resultate die Methode der Kasseler Kommission zu liefern vermag, — dass sie auch in dieser Beschränkung nicht ganz brauchbar sein würde, wird sich aus den späteren Betrachtungen derselben ergeben. Jedenfalls aber würde sie hier Genaueres leisten als Wolffs Rechnung.

ziehentlich nicht leisten können, fehlen. Bei geringen Anforderungen aber geben andere Verfahren, über deren Wert noch zu sprechen ist, mindestens mehr Aufschluss, bei hohen Anforderungen fehlen die notwendigen Garantien für die Richtigkeit der Angaben [1]).

Weiske [2]), dessen Berechnungsmethode uns jetzt beschäftigen wird, nimmt nach Wolffs Vorgang [3]) ein Wertverhältnis der Nährstoffe wie 5 : 5 : 1 an. Ebenfalls auf Annahme, nicht auf Berechnung gründet Weiske den Geldwertansatz für das Pfund verdauliche Kohlehydrate. Er rechnet hier 3—4 Pfennig, sodass sich für verdauliches Fett und Protein entsprechend 15—20 Pfennig ergeben. Auch eine Düngerwertsberechnung giebt Weiske, und berücksichtigt hierbei nur Stickstoff, Kali und Phosphorsäure, nicht die organische Substanz. Diesen Pflanzennährstoffen giebt er denselben Wert wie im rohen Peru-Guano, und rechnet ausserdem, dass von je 100 im Futter befindlichen Teilen dieser Dungstoffe 42,5 % Stickstoff, 15 % Phosphorsäure und 13 % Kali in Abzug kommen. Die Futterwertsberechnung Weiskes beruht, wie ich schon bemerkte, fast ausschliesslich auf Annahmen, die uns eine genügende Sicherheit nicht geben. Daher kann seine ganze Rechnungsmethode nicht empfohlen werden, obwohl seine Düngerberechnung schon einen ziemlich hohen Grad von Vollendung erzielt hat.

Eine Vervollkommnung der Geldwertsberechnung von Emil Wolff hat uns Lehmann [4]) gegeben. Er ist in derselben verschiedenen neuen Aufschlüssen der Wissenschaft gerecht geworden. Unter Annahme eines Wertsverhältnisses von verdaulichem Protein zu verdaulichem Fett zu verdaulichen stickstofffreien Extraktstoffen zu verdaulicher Rohfaser wie $3 : 2\frac{1}{2} : 1 : \frac{1}{2}$ berechnet er nach den Marktpreisen den Geldwert des Futters mit nachher zu erwähnenden Besonderheiten. Wie Wolff hat er sich nicht gänzlich an die nur aus dem Marktpreis resultierende

---

1) Ich bemerke, dass ich die von Lehmann veränderten Wolffschen Tabellen der neueren Auflagen des Mentzels und von Lengerke Kalenders später bespreche.
2) Vergl. den zweiten Band von Settegasts Tierzucht. 5. Auflage, 1888.
3) Also nach dem später von Emil Wolff verlassenen Verhältnisse.
4) Vergl. Kalender von Mentzel und von Lengerke, 1898. Weiter: Lehmann, „Ernährung und Futtermittellehre", einer der Eisenacher Vorträge des Jahres 1897.

Berechnuug des Wertverhältnisses der Nährstoffe gebunden. Er hat sich mit Ausnahme der Erweiterung bezüglich der Rohfaser — „nach einigem Zögern entschlossen, bei der alten Wolffschen Annahme zu bleiben". Er misst seinen Zahlen auch nur eine geringe praktische Bedeutung bei, allerdings nur aus dem Grunde, weil sie der Gedeihlichkeit der Futtermittel nur in geringem Grade Rechnung tragen. Um dies einigermassen zu ermöglichen, ist von der freilich oft nicht zutreffenden Annahme ausgegangen, dass sie bei einander näherstehenden Futtermitteln die gleiche sei. Für die verschiedenen Futtermittelgruppen wurde der Preis von einem Futtermittel, der nach der neuzeitlichen Marktlage für angemessen erachtet werden kann, als Grundlage für Berechnung der darin enthaltenen Nährstoffeinheiten verwendet, und letzterer Preis direkt auf die Nährstoffeinheiten der anderen Futtermittel übertragen.

Abgesehen von den bei Besprechung der Geldwertsberechnungen der Futtermittel Wolffs schon gemachten Ausstellungen, die teilweise auch hierher passen, so z. B. die vom Verfasser selbst zugegebene Ungenauigkeit bezüglich der minderwertigen Rauhfutterstoffe, ist das von ihm benutzte Wertsverhältnis entschieden anfechtbar. Während der Wert für Eiweiss hauptsächlich unter Berücksichtigung der Marktpreise schon bei Wolff zustande gekommen sein dürfte, ist der Wert für Fett sehr wahrscheinlich nach physiologischen Rücksichten bemessen, wenn er auch ziemlich mit den Ergebnissen der strikten Marktpreisberechnung übereinstimmt. Dagegen ist der Wert der Rohfaser sicher nach physiologischen Grundsätzen ermittelt. Ob ein auf derartig gemischtem Beurteilungsprinzip aufgebautes Wertverhältnis Vertrauen verdient, scheint uns zweifelhaft. Weiter ist die Geldwertsberechnung für die Nährstoffeinheit anfechtbar, wenigstens soweit Lehmann dazu menschliche Nahrungsmittel und ihre Marktpreise benutzt. Es ist ein grober Fehler, wenn man z. B. den Wert einer Nährstoffeinheit in der Stoppelrübe, Topinambur oder ähnlichen Futterpflanzen nach dem Marktpreis der Kartoffeln bemessen will, die wegen ihrer vielfachen Verwendung zur menschlichen Ernährung, zur Brennerei, zur Stärkefabrikation u. s. w. einen bedeutend höheren Preis im Verhältnis zu ihrem Nährstoffgehalt erzielt, als man ihn den oben angeführten Pflanzen zumessen

kann. Aehnliches gilt für eine Berechnung des Nährstoffeinheits-
wertes im Mais nach dem Roggenpreise.

Auch von der durch Lehmann verbesserten Geldwertsberechnung Wolffs, sowie von den hiernach abgeleiteten Zahlen
im Kalender von Mentzel und von Lengerke, muss demnach
gesagt werden, dass sie nicht für die Benutzung durch den praktischen Landmann geeignet sind.

Eine ähnliche Methode, doch spezieller bearbeitet, vertritt
Heinrich [1]) in Rostock. Er unterscheidet je nach den Bedürf-
nissen der Wirtschaft verschiedene Fälle, in denen dann die
Futtermittel verschieden bewertet werden müssen.

I. Der einfachste Fall ist der, dass nur ein Nährstoff (meistens
wird dieser Fall nur für Protein eintreten) zugekauft werden
muss, und der Düngerwert des Stickstoffs nicht zu beachten ist.
Es kann hier nur das Protein zur Bewertung der Futtermittel
benutzt werden, und zwar nur das verdauliche. —

Hierzu wäre zu bemerken, dass man sich auf diesen Fall
überhaupt nicht vorbereiten sollte. Denn der Landwirt, der seine
Rationen so einrichtet, dass er von dem zugekauften Kraftfutter
überhaupt nur dem Protein einen Wert beimessen kann, handelt
unwirtschaftlich. Man dürfte richtiger verfahren, wenn man ihm
einen anderweitigen Anbau der marktlosen Futtermittel oder
sonst eine Aenderung in der Fütterung anrät, als wenn man ihm
noch eine rechnerische Begutachtung seines Fehlers giebt. —

II. Es kann auch der Fall eintreten, dass man neben dem
Wert des Proteins für Futterzwecke auch seinen Düngerwert
beachten muss.

Nach meiner Meinung gilt auch hier das oben über eine
alleinige Bewertung des Protein Gesagte.

III. Soll Rücksicht auf die gesamten Nährstoffe und auch
auf den Wert des gewonnenen Stallmistes genommen werden.
so will Heinrich folgendermassen verfahren. Er setzt für das
Wertsverhältnis der Nährstoffe zueinander, Protein zu Fett zu
Kohlehydraten die Zahlen 5 : 4 : 1 ein, und meint dadurch sowohl
dem physiologischen wie dem Handelswert am besten gerecht zu
werden. Mit diesem Verhältnis ermittelt Heinrich dann nach
Abzug des Düngerwerts den Preis einer Futterwertseinheit für

---

[1]) Vergl.: Bericht über die landw. Versuchsstation Rostock, 1882.

verdauliche Nährstoffe, und vergleicht die Futtermittel auf dieser Grundlage. Eine Wertberechnung der einzelnen Nährstoffe ist ebenfalls leicht ausführbar. Bezüglich der Verwendung der so erhaltenen Zahlen sagt Heinrich noch: „Diese Preisberechnungen haben begreiflicherweise nur dann einen Zweck, wenn es gilt, verschiedene käufliche Futterstoffe unter den gegebenen wirtschaftlichen Verhältnissen auf ihre gegenseitige Preiswertigkeit abzuwägen." Doch auch mit dieser Einschränkung erscheint Heinrichs Methode hier unannehmbar. Denn für das angenommene Wertsverhältnis ist die genügende Begründung zu vermissen. Auch kann ein halb auf Marktpreise, und halb auf physiologische Verhältnisse gebautes Wertsverhältnis auf keinen Fall uns richtige Auskunft geben.

Bezüglich des Fall IV, den Heinrich annimmt, dass nämlich nur die Futterwerte des Proteïns und Fettes, sowie der Düngerwert des Proteïnstoffes zu bewerten seien, gilt das gelegentlich des Falles I Gesagte, sowie für das dabei anzuwendende Verhältnis 5 : 4 die obige Ausführung.

Wir können uns der Berechnungsweise Heinrichs demnach nicht anschliessen.

Wir gehen nun dazu über, diejenigen Forscher und ihre Ansichten zu betrachten, welche ebenfalls unter mehr oder weniger willkürlicher Bewertung der einzelnen Nährstoffe schliesslich Marktpreise zur Berechnung heranziehen, jedoch unter Benutzung gewisser Modifikationen.

Zu ihnen gehört unter anderen **Settegast**. Seiner Ansicht [1] nach sind die Marktpreise nicht für die Bewertung der marktlosen Futtermittel zu verwenden, wir entbehren aber deshalb eines Wertmasses doch nicht. Es ist unter Annahme eines Wertverhältnisses der Proteïnstoffe zu den stickstofffreien Stoffen wie 5 : 1 der Preis der einzelnen Nährstoffe nach dem Marktpreise zu bestimmen. Doch zunächst erst Settegasts Motivierung seines Nährstoffverhältnisses: „die hohe physiologische Bedeutung der stickstoffhaltigen Nährstoffe, ihre Unersetzlichkeit, sowie der Umstand, dass die meisten Kulturpflanzen mit ihnen nur karg ausgestattet sind, ihre Produktion daher verhältnismässig teuer zu

---

1) Vergl. Settegast, Die Landwirtschaft und ihr Betrieb. Breslau 1880.

stehen kommt, lassen es gerechtfertigt erscheinen, ihnen einen fünfmal so hohen ökonomischen Wert resp. Preis zuzusprechen als den Heizstoffen (stickstofffreien Stoffen), deren Massenproduktion einen bedeutend geringeren Aufwand verursacht." Unter Annahme des so begründeten Nährstoffwertverhältnisses soll nun die nähere Wertbemessung nach den Preisen der hauptsächlichsten marktgängigen Bodenprodukte, der Körnerfrüchte, stattfinden, doch mit einer Reduktion. Denn „man würde zu einem überspannten Preise der Nährstoffe, welche in den auf dem Markt nur bedingt oder gar nicht verkäuflichen Bodenerzeugnissen enthalten sind, gelangen, wenn man ihn eben so hoch berechnen wollte, als er sich in den leicht und in grössten Massen verkäuflichen Körnerfrüchten darstellt. Es ist dieses aus dem Grunde unzulässig, weil ein bestimmtes Quantum Nährstoffe sich nicht so billig in Körnerfrüchten als in anderen durch die Viehzucht zu verwertenden Bodenerzeugnissen produzieren lässt. Man erbaut und erkauft Proteïn und Heizstoffe (stickstofffreie Extraktstoffe)[1], deren Wert den Preis vegetabilischer Nahrungs- und Futtermittel bedingt, in letzteren durchschnittlich um ein Viertel billiger als in den vorzugsweise zur menschlichen Ernährung dienenden Körnerfrüchten. Es sind mithin die Nährstoffe derjenigen Materialien, welche hauptsächlich und im Grossen Viehfutter abgeben, wie Heu, Grün- und Weidefutter, Stroh, Spreu, Wurzelgewächse, Blätter und Kraut, Abfälle technischer Gewerbe etc. mit einem um 20—30% ermässigten Preise ihrer Nährstoffe im Vergleich mit Körnerfrüchten zu berechnen."

Zur Beurteilung des Geldwerts verwendet Settegast noch die verschiedene Verdaulichkeit der Proteïnstoffe, von denen er absolut und relativ verdauliche unterscheidet, und letztere nur zu halber Höhe bewertet. Endlich beurteilt Settegast auch den Düngerwert der in den Futtermitteln enthaltenen Pflanzennährstoffe. Für Verluste durch Ansatz im Tierkörper und so weiter rechnet er bei Phosphorsäure 25%, ebensoviel bei Stickstoff, und 5% bei Kali. Die übrig bleibenden Mengen der Pflanzennährstoffe setzt er zu 20 Pfennig das Pfund Phosphorsäure, zu 60 Pfennig das Pfund Stickstoff und zu 10 Pfennig das Pfund Kali an. Bei dieser Methode fällt uns zunächst ein Punkt auf. Sette-

---

[1] Soll wohl, wie oben, nur heisen: „stickstofffreie Stoffe", also Fett einschliessen.

gast verlangt von seinen Geldwerten nur eine Angabe über die marktlosen, für die beziehungsweise in der Wirtschaft erzeugten und wieder verbrauchten Futtermittel anzusetzenden Zahlen, nicht eine Kritik bezüglich der Richtigkeit der Marktpreise. Denn für die Benutzung seiner Werte nach dieser Richtung hin giebt er keinen Anhalt. Seine Tabellen enthalten auch vorwiegend Futtermittel, die entweder marktlos sind oder doch in der eigenen Wirtschaft, eventuell bei Vorhandensein eines technischen Nebengewerbes, produziert werden können. Direkt ausschliessliche Handelsfuttermittel [1]) finden sich in seiner Tabelle nur sieben, von denen noch unter Umständen einige der vorigen Kategorie zuzurechnen wären. Es ist deshalb anzunehmen, dass er nur die Bewertung der marktlosen Futtermittel und vielleicht auch noch die Bewertung der in der Wirtschaft erzeugten und wieder verbrauchten marktgängigen beabsichtigte. Ob seine Rechnungsweise hierzu verwendet werden kann, soll uns jetzt beschäftigen.

Das Wertverhältniss von 5 : 1, das Settegast für stickstoffhaltige Stoffe im Vergleich mit den stickstofffreien aufstellt, ist vollkommen willkürlich angenommen. Denn, dass die hohe physiologische Bedeutung und die Unersetzlichkeit der stickstoffhaltigen Stoffe ihnen gerade einen fünfmal höheren Wert geben sollte als den Kohlenhydraten, dafür bleibt uns Settegast den Beweis schuldig. Der Grund endlich, „dass die meisten Kulturpflanzen mit ihnen nur karg ausgestattet sind, ihre Produktion daher verhältnismässig teuer zu stehen kommt", ist für ein Verhälnis von 5 : 1 nicht anzuführen. Denn eine eigene Produktion wird man doch nur solange bevorzugen, als der Markt uns die Futtermittel, beziehungsweise Nährstoffe nicht billiger liefert. Es ist aber nachgewiesenermassen [2]) das derzeitige durchschnittliche Preisverhältnis der Nährstoffe auf dem Markte etwa 3 : 1. — Dass die Produktion der stickstoffhaltigen Stoffe in den Kulturpflanzen gerade fünfmal teurer ist, als die der stickstofffreien, dürfte sich ausserdem auch nicht beweisen lassen.

Nach dem Wertverhältnis 5 : 1 sollte nun unter Benutzung der Körnerpreise der Geldwert bestimmt werden, unter einer Reduktion von 20 - 30 %. Ich möchte hier über die Zweck-

---

1) Das heisst solche, von denen man nicht wohl annehmen kann, dass sie in einer Wirtschaft produziert werden.

2) Vergl. später Seite 105 dieser Arbeit, die „Kasseler Kommission".

mässigkeit einer Benutzung der Getreidepreise noch nicht sprechen, da ich dies bei dem Hauptvertreter ihrer Anwendung, bei Freiherrn von der Goltz[1]), zu thun beabsichtige. Bemerkt sei hier nur, dass selbst, wenn die Berechnung nach dem Getreidepreise zu empfehlen wäre, Settegast uns doch für die Bemessung des Abzugs, der 20—30 %, zu wenig Unterlagen giebt. Und eine lediglich schätzungsweise gefundene Prozentzahl, deren Grenzen zudem noch so weit gezogen sind, dürfte dann doch für die Geldwertsberechnung der Futtermittel eine zu unsichere Grundlage bieten. — Die Beurteilung der Proteïnstoffe in absolut und relativ verdauliche muss weiter auch als unbewiesen und willkürlich betrachtet werden, so dass wir nicht die Ueberzeugung gewinnen können, dass Settegast's Methode als exakt zu bezeichnen ist. Daher müssen wir sie, ganz abgesehen von der Benutzung der Getreidepreise bei der Wertbemessung, als unseren Ansprüchen nicht genügend zurückweisen.

von der Goltz hat sich recht eingehend mit der Geldbewertung der Futtermittel beschäftigt [2]). Er berücksichtigt vorzugsweise diejenigen, auf die der Ausdruck „marktlose" [3]) anzuwenden ist. Doch führt er in seinen Tabellen auch eine grössere Zahl von Handelsfuttermitteln auf, und giebt für dieselben nach seiner Methode errechnete Geldwerte an, sodass also eine Beurteilung der Marktpreise möglich ist. Sein Verfahren ist das folgende: „Die marktgängigen Erzeugnisse müssen bei direkter Verwendung in der Wirtschaft selbst mit ihrem durchschnittlichen Preise am nächsten Marktort abzüglich der Kosten des Transports von dem Ort ihrer Verwendung bis zum Marktplatz in Ansatz gebracht werden. Man lege die Durchschnittsmarktpreise während der letzten 20 Jahre zu Grunde, oder doch wenigstens während der letzten 10 Jahre. Bei Berechnungen für die Zukunft die der letzten 3 oder 5 Jahre."

Für die marktlosen Produkte, deren Marktpreis, soweit er vorhanden, nicht in Uebereinstimmung mit ihrem landwirtschaftlichen Gebrauchswert steht, ist zu beachten:

Um einen Vergleich verschiedener Futtermittel zu ermöglichen, sind zunächst die verschiedenen Nährstoffe auf eine Ein-

---

1) Vergl. unten.
2) Vergl.: von der Goltz, Taxationslehre. 2. Auflage.
3) Vergl. die Definition auf Seite 16 dieser Arbeit.

heit zurückzuführen, ist also das Wertsverhältnis derselben zueinander festzustellen.

Für dies Verhältnis sind nun in erster Linie, wenn auch nicht ausschliesslich, die Marktpreise der Handelsfuttermittel von Bedeutung. Nicht ausschliesslich, da sie

1. zur Zeit noch nicht mit genügender Exaktheit festgestellt werden können.

2. örtlich und zeitlich noch immer in einem zu stark schwankenden Verhältnis zu den Preisen sowohl der Körnerfrüchte, wie der tierischen landwirtschaftlichen Produkte stehen. — Doch sind die betreffenden Marktpreise in erster Linie zu berücksichtigen.

Um das Wertsverhältnis zu finden, betrachtet von der Goltz die Versuche anderer landwirtschaftlichen Schriftsteller, die in der Mehrzahl das Protein fünfmal so hoch ansetzen, als die stickstofffreien Extraktstoffe, sowie die Untersuchung der Kasseler Kommission[1]), die auch dass Resultat ergeben, das nach dem Preise der Handelsfuttermittel das Protein fünfmal so hoch zu bewerten ist als die stickstofffreien Extraktstoffe. Unter der Voraussetzung, dass dies richtig ist, glaubt nun von der Goltz, dass man für den Zweck landwirtschaftlicher Veranschlagungen den Wert des Proteïns noch etwas höher, nämlich sechsmal so hoch wie von den stickstofffreien Extraktstoffen bemessen darf, und sagt: „Ich gehe dabei von der Thatsache aus, dass die in der Landwirtschaft erzeugten und wieder zur Verwendung kommenden Futtermittel in ihrer Gesamtheit stets einen erheblichen Mangel an Protein, dagegen einen Ueberschuss an stickstofffreien Stoffen im Vergleich zu den Anforderungen besitzen, welche eine rationelle Fütterung an das Mengeverhältnis dieser beiden Nährstoffgruppen stellt. Deshalb hat das Protein in den marktlosen Futtermitteln wirtschaftlich einen höheren Wert, als solcher aus dem Marktpreis der Handelsfuttermittel sich ergiebt. Letzteres wäre nur dann nicht der Fall, wenn man die in der Wirtschaft erzeugten Futtermittel sämtlich zu angemessenen Preisen verkaufen und dafür Handelsfuttermittel einkaufen könnte, was aber kaum für eine einzige Wirtschaft zutrifft. Aus diesem Grunde glaube ich, dass man für die Geldwertsberechnung der

---

marktlosen Futtermittel von einem Wertsverhältnis der stickstofffreien Extraktstoffe zu Proteïn wie 1 : 6 auszugehen hat." Für das Fett nimmt von der Goltz den vierfachen Wert der stickstofffreien Stoffe an, doch spielt seiner Meinung nach bei den marktlosen Futtermitteln die Bewertung des Fettes nur eine geringe Rolle. Ueberhaupt misst von der Goltz seinem Verhältnis 6 : 4 : 1 keine absolute Richtigkeit bei, ist im Gegenteil der Meinung, dass grössere Klarheit noch kommen werde, und zwar erwartet er diese von einer Vervollkommnung der Marktpreisberechnung, von den Arbeiten der Kasseler Kommission. Ob diese Erwartungen [1] durch die erwähnte Methode erfüllt worden sind, oder erfüllt werden konnten, wird sich uns bei der Besprechung zeigen. Vorläufig will ich nur zu ermitteln suchen, ob das Verhältnis 6 : 4 : 1 mit den dabei gegebenen Begründungen sich noch heut aufrecht erhalten lässt. Da ist in erster Linie zu bemerken, dass die Voraussetzung, das Proteïn sei nach dem Preise der Handelsfuttermittel fünfmal so hoch zu bewerten wie die stickstofffreien Extraktstoffe, dass diese Voraussetzung gefallen ist [2]. Schon im Jahre 1887 wurde ein Verhältnis von 3 : 2 : 1, oder besser 2,5 : 1,5 : 1 für bedeutend richtiger erklärt, und heutzutage hält wohl kein Agrikulturchemiker [3] mehr ein solches Verhältnis für angemessen. Es fehlt dem Verhältnis 6 : 4 : 1 dadurch sein Hauptstützpunkt. Doch sehen wir weiter, ob die andern sich als absolut haltbar erweisen.

Wie wir kurz zuvor anführten, soll dem Proteïn in dem marktlosen Futtermittel ein höherer Wert beizumessen sein, als sich aus dem Handelsfuttermittelpreise ergiebt. In der sich daran schliessenden Ausführung findet sich unserer Ansicht nach ein Fehler. Dort heisst es: „Letzteres [4] wäre nur dann nicht der Fall, wenn man die in der Wirtschaft erzeugten Futtermittel sämtlich zu angemessenen Preisen verkaufen und dafür Handelsfuttermittel einkaufen könnte, was aber kaum für eine einzige Wirt-

---

1) Ich muss bezüglich derselben auf die „Taxationslehre" verweisen.

2) Vergl.: König, Ueber die Geldwertsberechnung der Futtermittel, III. Landw. Jahrbücher 1887.

3) Vergl. die in den neueren Jahrgängen des Nobbe, landw. Versuchsstationen, wiedergegebenen Verhandlungen.

4) Nämlich die Notwendigkeit, dem Proteïn einen höheren wirtschaftlichen Wert beizumessen.

schaft zutrifft." — Dagegen ist zu bemerken, dass man nur dann vielleicht das Recht hat, dem Proteïn in den marktlosen Futtermitteln einen höheren wirtschaftlichen Wert, als sich aus dem Handelsfuttermittelpreise ergiebt, beizulegen, wenn der Bezug von Handelsfuttermitteln zur Ergänzung der marktlosen Futterstoffe auf Schwierigkeiten stösst. Nun giebt es aber ausser dem oben von der Goltz angeführten, extremen Fall noch manche Möglichkeit, die in den marktlosen Futtermitteln etwa fehlenden Proteïnsubstanzen ausreichend zu ergänzen, und so eine den Anforderungen der Tierernährungslehre entsprechende Zusammensetzung der Nährstoffe zu erzielen. In weitaus den meisten Wirtschaften wird man so durch entsprechenden Zukauf von Kraftfuttermitteln, indem man auch die Möglichkeit, Vieh zu halten, erweitert, den Tieren ein zweckdienliches Futter reichen können, ohne dass man sämtliche marktlosen Futtermittel verkaufen und für den Erlös Kraftfutter erwerben müsste. Selbst wo eine Vermehrung des Viehstandes ausgeschlossen ist, wird sich der Landwirt durch anderweitige Verwertung der minderwertigsten seiner marktlosen Futtermittel die Möglichkeit zu schaffen suchen, einen Teil der Fütterung in Kraftfutterstoffen zu geben, ausserdem wird er durch zweckmässige Auswahl der anzubauenden marktlosen Futtermittel den Proteïnbedarf vom Markt verringern. Auch hier würde sich also ohne besondere Schwierigkeiten eine zweckentsprechende Fütterung ermöglichen lassen, es ist daher dem Proteïn in den marktlosen Futtermitteln ein höherer Wert wohl nur in Ausnahmefällen beizumessen. Abgesehen hiervon spricht schon gegen den Versuch, dem Proteïn in den marktlosen Futtermitteln einen höheren wirtschaftlichen Wert zu geben als im Handelsfutter, eine einfache Ueberlegung: die marktlosen Futtermittel sind in ihren unteren Stufen so gering geschätzt, dass dieselben bei reichen Ernten geradezu verschwendet werden. Weiter wird zu berücksichtigen sein, dass, was Wohlgeschmack und leichte Verdaulichkeit anlangt, die Handelsfuttermittel die marktlosen öfters übertreffen. Will man also die Proteïnsubstanzen in beiden verschieden verwerten, so dürfte es eher gerechtfertigt sein, ihnen in den marktlosen Futtermitteln einen niederen Wert beizumessen, als in den Handelsfuttermitteln.

Nach diesen Ausführungen steht ohne Zweifel fest, dass ein Verhältnis des Proteïns zu den stickstofffreien Extraktstoffen wie

6 : 1 sich für die marktlosen Futtermittel nicht mehr aufrecht erhalten lässt.

Ueber die Bewertung des Fettes, die ja von der Goltz selbst als unwesentlich bezeichnet, kann man wohl hinweggehen, ohne sie deshalb als richtig anzuerkennen. Wenden wir uns dem bei weitem wichtigeren Prinzip der vorliegenden Methode, der Berechnung nach den Roggenpreisen, zu.

Um den Wert oder Unwert hiervon richtig würdigen zu können, muss man gänzlich von der Richtigkeit des oben besprochenen Wertverhältnisses absehen. Die Rechnungsart ist nun diese: Man berechnet unter Zugrundelegung des Wertverhältnisses 6 : 1 die Summe der Nährstoffeinheiten in einem Centner Roggenkörner, danach den derzeitigen Marktpreis einer Nährwerteinheit im Roggen. Des Minderwertes der marktlosen Futtermittel wegen müssen nun vom Preise der Nährwerteinheit im Roggen 40 % abgezogen werden, ehe man diesen Preis für die Nährwerteinheiten in den Futtermitteln einsetzen kann. Die Benutzung der Roggenpreise mit nachheriger Modifikation statt der Handelsfutterpreise begründet von der Goltz erstens mit der Unvollständigkeit und Ungenauigkeit der bis jetzt über die Marktpreise der Handelsfuttermittel veröffentlichten Zahlen, die besonders weder zu den Preisen des Roggens noch zu denen tierischer Erzeugnisse in einem bestimmten, wenngleich in mässigen Grenzen schwankendem Verhältnis ständen, und sagt: „Hierin liegt ein innerer Widerspruch, denn der Gebrauchswert der Handelsfuttermittel für den Landwirt richtet sich unzweifelhaft nach dem Preise von Fleisch, Butter u. s. w." -- Diese Notwendigkeit, dass die Preise der Handelsfuttermittel zu den Preisen besonders der tierischen Produkte wie auch des Roggens in einem bestimmten Verhältnis stehen müssen, betont von der Goltz in seiner Taxationslehre noch mehrfach. So sagt er noch: „am besten eignet sich meines Erachtens hierzu [1] der Roggen. Bezüglich seiner Verwendung zur Bewertung der marktlosen Futtermittel weise ich hier nur nochmals darauf hin, dass der Roggen und andere Körnerfrüchte ebenso wie Heu. Stroh etc. zur Fütterung der landwirtschaftlichen Haustiere verwendet werden, und dass ihr Marktpreis in einem viel konstanteren Verhältnisse zu dem Preise

---

[1] Das heisst zur Geldwertbestimmung der marktlosen Futtermittel.

der tierischen Erzeugnisse steht, als der Marktpreis von Heu und Stroh."

Was die Brauchbarkeit der Marktpreise von Handelsfuttermitteln anbetrifft, so dürften doch die diesbezüglichen Angaben heutzutage nicht mehr so ausserordentlich unvollständig sein. In den grösseren landwirtschaftlichen Zeitungen finden sich die Preisnotierungen der grossen Handelsfirmen. Auch geben die Versuchsstationen für eventuelle Fehlbeträge nach möglichst genauen Berechnungen Entschädigungen, was auch die Benutzung der Marktpreise von Handelsfuttermitteln erleichtern würde. Es scheint aber, als ob von der Goltz hauptsächlich die Unzulänglichkeit der Marktpreismitteilungen in dem Fehlen des nach seiner Meinung notwendigen bestimmten Verhältnisses zu den Preisen der tierischen Produkte und des Roggens sah. Dies scheint wenigstens aus mehreren Stellen der Taxationslehre hervorzugehen. Und da muss man fragen: Ist es denn sicher, dass ein derartiges, fundamentales Verhältnis bestehen muss, darf man dasselbe auf die marktlosen Futtermittel übertragen?

In Beziehung hierauf sagt Pohl [1]) z. B.: „Und wenn wir nun auch davon absehen, dass eine Konstanz in den Wertverhältnissen zwischen Roggen und den marktlosen Stroharten und Futtermitteln nicht nur nicht erwiesen ist, sondern geradezu nicht existiert, so wird sich allein mit Rücksicht auf die hervorgehobenen Fehlerquellen das von der Goltzsche Verfahren nur aushülfsweise zur Anwendung empfehlen."

Es muss zugegeben werden, dass ein solcher innerer Zusammenhang für die Handelsfuttermittel zwar vorhanden ist, aber er tritt auch nicht annähernd so bedeutsam hervor, wie dies von der Goltz anzunehmen scheint. Selbstverständlich werden bei dauerndem Sinken der Fleischpreise gewisse erhöhte Aufwendungen des Landwirts für sein Vieh, und damit auch ein bedeutender Zukauf von Kraftfuttermitteln unrentabel werden und daher fortfallen. Insofern ist Goltz' Behauptung von der Notwendigkeit eines solchen Zusammenhanges richtig. Ich bezweifle aber, dass sich solche grossen Veränderungen nicht auch in den Preisen der Handelsfuttermittel ebensogut oder besser als im Roggenpreise dokumentieren sollten. Genaue Erhebungen hier-

1) Seine Theorien und Werke, siehe Seite 98 dieser Arbeit.

über anzustellen dürfte zur Zeit, wo die allgemeine Benutzung
der Handelskraftfuttermittel in Deutschland noch kein halbes Jahr-
hundert alt ist, schwierig, wenn nicht unmöglich sein. Andrerseits aber erscheint es mir selbstverständlich, dass sich Preis-
änderungen der tierischen Produkte, und hielten sie selbst ein
Jahr und länger an, nicht gleich auch in den Preisen der Futtermittel zeigen können. Abgesehen davon, dass zeitweise ver-
mindertes Angebot der betreffenden Futtermittel die Preise auf
ihrer Höhe halten kann, sind mit der Viehhaltung soviel andere
wirtschaftliche Momente verknüpft, dass der tüchtige Landwirt
sich nur schwer entschliessen dürfte, wegen niedriger Viehpreise
seinen Bezug an Kraftfutter zu vermindern, und so entweder
seine Herde verkleinern zu müssen, oder sie schlechter zu ernähren, falls die ungünstigen Verhältnisse nicht länger anhalten.
- Was das Verhältnis der Roggenpreise zu denen der tierischen
Erzeugnisse anlangt — von der Goltz sagt, sie gingen, vor-
übergehende Abweichungen abgerechnet, mit den Preisen der
tierischen Erzeugnisse parallel — so stimmt dies doch auf die
letzten zehn oder zwanzig Jahre nicht mehr, wo der Weltverkehr
immer mehr Einfluss auf den deutschen Getreidemarkt gewonnen
hat, wo eine Steigerung der Getreidepreise nicht mehr einen
Mehrkonsum an Fleisch, sondern eine grössere Getreideeinfuhr
hervorruft. Ja, betrachtet man das Verhältnis der Getreide zu
den Fleischpreisen abzüglich der durch Zoll hervorgerufenen Er-
höhungen der Getreidepreise [1]), so wird von einem „parallel gehen"
nicht mehr die Rede sein können.

(Ueber die Preisverhältnisse siehe die Tabelle Seite 96.)

Ein zweiter Grund, den von der Goltz gegen die Preise der
Handelsfuttermittel und ihre Benutzung anführt, ist die an verschiedenen Orten recht abweichende Beschaffenheit derselben.
Dazu ist zu sagen, dass die heut allgemein übliche Garantie der
Nährstoffe, die in immer umfassenderem Masse verlangt und gegeben wird, doch die Vorzüge des Roggens in dieser Beziehung
nicht mehr bedeutend erscheinen lässt.

Was dagegen ein nicht zu leugnender Nachteil der Roggen-
preisberechnung unseres Autors ist, sich auch nicht verdecken

---

1) Für Fleisch, das lebend wie tot schlecht transportabel ist, haben die Zölle
derzeitig noch nicht die Bedeutung, wie für Getreide.

Nach den Angaben des statistischen Amtes [1] waren in
Berlin folgende Preise zu verzeichnen pro 100 kg:

	pro 100 kg		pro 100 kg	
	Roggen	Weizen	Butter	Schlachtvieh Rinder
1879	132,8	197,9	—	—
1880	187,9	217,9	—	—
1881	195,2	219,5	—	98,5
1882	152,3	204,2	—	97,9
1883	144,7	186,1	—	101,7
1884	143,3	162,2	—	98,2
1885	140,6	160,9	—	97,0
1886	130,6	151,3	—	93,5
1887	120,9	164,4	—	91,9
1888	134,5	172,2	—	90,1
1889	155,5	187,7	237,1	95,9
1890	170,0	195,4	223,4	109,9
1891	211,2	224,2	227,3	110,9
1892	176,3	176,4	235,2	107,9
1893	133,7	151,5	224,5	99,5
1894	117,8	136,1	205,3	109,6
1895	119,8	142,5	194,2	109,7
1896	118,8	156,2	201,1	103,4

lässt, das ist der 40% betragende Abzug vom Preise der Roggen-
werteinheit. Die Angaben, die von der Goltz zur Unterstützung
seiner Ansicht anführt, sind weder genau genug — es kommeu
Differenzen von 26,9 — 44,7 vor —, noch, was die Hauptsache
ist, umfassend genug. Nur Roggen und Weizenkleie, sowie Lein-
und Rapskuchen werden mit dem Roggen bezüglich der Preise
ihrer Nährstoffeinheiten verglichen, zudem sind die angezogenen
Preise vielfach nur von lokaler Bedeutung [2]. Wir können daher

1) Vergl. Seite I, 13 der Vierteljahrshefte zur Statistik des Deutschen Reichs.
Sechster Jahrgang 1897.

2) Es ist vielleicht von Interesse, die von von der Goltz auch mehrfach citierte
Schrift: „Der Roggen als Wertmass für landwirtschaftliche Berechnungen", von C. von
Seelhorst, hier anzuführen. In ihr heisst es: „Die Preise von Weizen- und Roggen-
kleie bestimmen sich fast genau nach der von der Goltzschen Methode. Sie werden
nur unbedeutend höher bezahlt, als ihrem theoretisch berechneten Preis entspricht. Der
Preis für Mais dagegen ist bedeutend höher, als seinem Futterwert entspricht. . . .
Die meisten Oelkuchen und die Malzkeime stehen dagegen bedeutend niedriger im
Preise, als ihrem Gehalt an verdaulichen Nährstoffeinheiten entspricht. Nur die Preise
der Raps- und der Kokoskuchen weichen nicht erheblich vom theoretisch ermittelten
Preise ab." Von der Goltz hat also von den hier angeführten Futtermitteln fast
ausschliesslich diejenigen benutzt, welche auf seine Methode passten, nämlich Weizen-
und Roggenkleie, wie Rapskuchen. Bei den andern Oelkuchen würden sich entsprechend
den Angaben von Seelhorsts wohl etwas andere Zahlen ergeben haben.

nicht zugeben, dass die Richtigkeit des fraglichen Abzuges, den Settegast, wie wir sahen, zu 20 30 % annahm, ausreichend bewiesen sei[1]). Besonders dürfte sich die Ungenauigkeit der Wertszahl von 40 % allerdings erst zeigen, wenn man das, wie gezeigt, unhaltbare Verhältnis 6 : 4 : 1 aufgeben und mit einem anderen arbeiten würde.

Da, wie wir ausreichend gezeigt zu haben glauben, das von der Goltzsche Wertsverhältnis für die Geldwertsberechnung der Futtermittel nicht brauchbar erscheint, ferner auch die Berechnung mit Hülfe der Roggenpreise an manchen Unzuträglichkeiten leidet, eine Beachtung des Düngerwertes der Futtermittel für die Geldbewertung sogar überhaupt nicht stattfindet, so dürfte das Verfahren von von der Goltz nicht als dasjenige zu betrachten sein, das uns das definitiv Richtige bietet, dürfte nicht zur Benutzung in der landwirtschaftlichen Buchführung anzuwenden sein.

Eine Schrift, welche für die eben behandelte Art der Geldwertsberechnung der Futtermittel eintritt: Dr. Heinrich Schmidts „Feststellung der Rentabilität der Nutzviehhaltung" glaube ich übergehen zu dürfen, da sie derartig unter dem Einfluss der vorerwähnten Anschauungen steht, dass sie kaum etwas Neues bringt.

Zu den landwirtschaftlichen Schriftstellern, welche unter willkürlicher Bewertung der Nährstoffe die Geldwerte der Futtermittel nach den Marktpreisen, und zwar mit Benutzung von Modifikationen zu berechnen suchen, sind noch Werner und Pohl zu nennen.

Werner giebt in seinen Schriften[2]) etwa folgende Vorschriften:

Die marktlosen Futtermittel bewerte man derart, dass man unter Annahme eines Nährstoffwertverhältnisses[3]) von 3 : 2 : 1 nach

---

1) Dazu sagt auch Liebscher, Journal 1884: „Die Höhe dieses Abzuges, mag er selbst auch an und für sich auch noch so notwendig erscheinen, lässt sich aber, wie auch Pohl und Drechsler ausführen, nie ganz ohne Willkür bestimmen, und damit verlieren die daran geknüpften Folgerungen wesentlich an Beweiskraft". Des weiteren muss ich auch auf Pohl, Betriebslehre, Rentabilitäts- und Produktionskostenberechnung, sowie: Der Wert der marktlosen Vermögensteile, Jahrbuch 1881, ferner auf Drechsler, Untersuchungen auf dem Gebiete der Betriebslehre, Journal 1882, verweisen.

2) Vergl.: Werner, Der landwirtschaftliche Ertragsanschlag. Dann in Goltz Handbuch der gesamten Landwirtschaft: Werner, Die rechnungsmässige Kontrolle über den landwirtschaftlichen Betrieb.

3) Von den verdaulichen Nährstoffen.

** 7

Emmerling [1]) den Preis der Futterwerteinheit nach dem Marktpreise einer grösseren Zahl von Handelsfuttermitteln feststellt.
Hiervon will Werner dann 20% abgezogen wissen, ehe er den
betreffenden Preis der Futterwerteinheit bei marktlosen Futtermitteln in Anwendung bringt, „denn die Nährstoffe des Futters
werden in der Wirtschaft weit billiger erzeugt, als sie der Kaufmann
in der marktgängigen Ware vertreibt." — Auf die Berechtigung
des von Emmerling gefundenen Nährstoffverhältnisses werde ich
noch bei diesem einzugehen haben. Was aber den Abzug von
20% anlangt, so ist seine Berechtigung durchaus unbewiesen.
Denn weder liefert Werner uns einen Beweis dafür, dass die
Nährstoffe des Futters in der Wirtschaft billiger erzeugt werden,
als sie der Kaufmann in der marktgängigen Ware vertreibt,
noch bringt er uns andere Nachweise, dass die hier eintretende
Differenz gerade 20% beträgt, als allein „sein Dafürhalten."

Pohl, der seiner eigentümlichen Berechnung und Einteilung
der Nährstoffe wegen mehr eine Sonderstellung zu verdienen
scheint, hat sich ganz ausserordentlich eingehend mit der Geldwertsberechnung der Futtermittel, und zwar besonders der marktlosen, beschäftigt. In den verschiedenen Abhandlungen [2]), die
Pohl über unseren Gegenstand veröffentlicht hat, betrachtet er
die Frage besonders mit Rücksicht auf die wirtschaftliche Lage
der einzelnen Wirtschaft, überhaupt mehr vom Standpunkte des
Docenten der Betriebslehre, als von dem des Agrikulturchemikers.
Nutzviehhaltung und industrielle Produktion sind ihm ausserdem
keine selbstständigen Ertragszweige, sondern dienen nur als
Mittel, die marktlosen Produkte des Landes zu verwerten. —
Wenden wir uns dem Inhalt der Ausführungen zu, so dürfte
etwa folgendes den Kern seiner Anschauungen repräsentieren:

Die Stoffbestandteile, welche in der Wirtschaft sich bewegen,
sind entweder Bestandteile des Bodens — so Mineralien und Stickstoff — oder der Luft. Von den Bodenbestandteilen hat man Kali

---

1) Vergl. auch Seite 111 dieser Arbeit.
2) Vergl. Pohl, Ueber die Wertberechnung der Futtermittel. Journal für Landwirtschaft 1881.
Derselbe, Landwirtschaftliche Rentabilitäts- und Produktionskostenberechnungen.
Derselbe, Der wirtschaftliche Wert der marktlosen Vermögensteile des Landwirts. Jahrbücher 1881.
Ders. Ilts., Landwirtschaftliche Betriebslehre. 1. Teil.

und Phosphorsäure als Mineralien, und dann den Stickstoff zusammenzufassen und kann sie als Repräsentanten des Düngerwerts bezeichnen. Ausser diesem Düngerwert können den landwirtschaftlichen Produkten und Gebrauchsgegenständen noch Futter- und Streuwert inne wohnen. Diese werden repräsentiert durch die Bestandteile der Luft, welche sich in den betreffenden Dingen befinden, und zwar bald als Fett und Kohlehydrate, oder stickstofffreie verdauliche Substanz[1]), bald einfach als stickstofffreie organische Substanz[2]).

Die Bodenbestandteile, Kali, Phosphorsäure und Stickstoff, erscheinen nun bald im Dünger, bald in Futtermitteln, bald in Streu, und sind, gleichviel in welchem von den dreien, wirtschaftlich gleichwertig. Man muss also, um sie zu bewerten, nur einen Einheitspreis finden.

Die Bestandteile der Luft, wie sie in den Futtermitteln auftreten, sind, insoweit sie Futterwert haben, als stickstofffreie verdauliche Substanz bezeichnen zu. Für diese ist, wenn ein brauchbarer Heupreis nicht existiert, der Verwertungspreis anzunehmen, der nach Berücksichtigung aller Ausgaben, und nach Abzug des Düngerwertes sich ergiebt. Ist der Marktpreis für Heu aber zu benutzen, das heisst ist ein massgebender Markt für Heu vorhanden, so erhält man den Preis einer Einheit stickstofffreier verdaulicher Substanz noch einfacher, indem man den Düngerwert vom Marktpreise abzieht, und den Rest auf die Kilogramme der Substanz verteilt.

Die Frage nach dem Futterwerte ist hiermit für Pohl erledigt. Die Einheit Stickstoff, Kali und Phosphorsäure dagegen bewertet er, um den Düngerwert feststellen zu können, je nach dem Tauschwert eines Hektar besten Ackerlands, und zwar nimmt er an, dass bei einem Bodenpreis von 3000 Mark pro Hektar die Preise der Handelsdüngemittel anzuwenden seien, die dann bei geringeren Bodenpreisen entsprechend herabgesetzt werden müssen.

Dies ist, kurz gesagt, der Inhalt von Pohls Geldbewertungslehre.

Wenn wir eine Kritik an ihr üben wollen, so können wir von dem Irrtum Pohls bezüglich der ausschliesslichen Zugehörigkeit

1) Bei Futterwert.
2) Bei Streuwert.

7 *

des Stickstoffs zum Boden, völlig absehen. -- Bekanntlich ist durch Hellriegel festgestellt, dass durch die Schmetterlingsblütler auch der Luftstickstoff in den Kreislauf der landwirtschaftlichen Grundstoffe einbezogen wird. — Was aber die Behauptung Pohls angeht, der Stickstoff habe in allen Formen, sei er nun im Futter, im Boden, oder im Dünger enthalten, den gleichen Wert, so ist diese entschieden zu beanstanden. Denn nicht das Element, sondern die Form in der es auftritt, bedingt hier die Nutzwirkung. Dem Stickstoff, dessen Wert nach neueren Forschungen schon im Futter grossen Schwankungen ausgesetzt ist, je nachdem er als Amid oder Eiweiss, oder Salpetersäurestickstoff vorkommt, dessen Wert im Dünger schon als Salpeterstickstoff ein anderer ist wie als Ammoniakstickstoff, diesem Stickstoff kann man absolut nicht in allen seinen landwirtschaftlichen Existenzformen denselben Wert beimessen. Es ist für ihn entschieden ein besonderer Futterwert anzunehmen. — Dieser erwähnte Fundamentalirrtum dürfte jedoch nicht der einzige in Pohls Berechnungsmethode sein. Der Preis der düngenden Stoffe, Stickstoff, Kali und Phosphorsäure, soll nach dem Tauschwert des betreffenden Gutes schwanken. — Dazu ist zu sagen, dass dieser sich durchaus nicht immer nach dem thatsächlichen, wirtschaftlichen Wert des Gutes richtet. Wegen einer guten Jagd, wegen landschaftlich schöner Lage, auch aus Leichtsinn oder irrtümlichen Annahmen wird ein Gut oft zu hoch erstanden, aus anderen Gründen oft zu allzu niedrigem Preise abgegeben. Deshalb bleibt aber der Wert eines Kilogramm Stickstoff für diese Wirtschaft völlig der gleiche. Nach Pohls Methode würde er aber geändert werden. Ja, bei dem gleichen Gute kann der Preis schwanken, je nachdem die ganze Kaufsumme sofort bar bezahlt, oder eine grössere oder geringere Hypothek in Zahlung genommen wird. Aendert sich aber deshalb der Wert eines Kilogramm Protein für die Wirtschaft?

Wenn man Pohls Lehre genau verfolgt, muss man ausserdem zu folgendem Schlusse kommen: Ist der Preis eines Gutes höher als 3000 Mark pro Hektar besten Landes, so muss der Wert des Stickstoffs, des Kali und der Phosphorsäure den Marktpreis dieser Stoffe in Handelsdüngemitteln ebenso übersteigen, wie er unter sie bei einem niedrigeren Landpreise herabsank. Zu welchen Irrtümern bezüglich des Wertes aber eine solche Folgerung führen kann, wird jeder einsehen.

Was die Bewertungsmethode Pohls für die stickstofffreie
verdauliche Substanz anlangt, so würde bei einer Bewertung mit
Hülfe der Marktpreise des Heues sich ergeben, dass die Beurteilung der Brauchbarkeit der Heupreise in das Belieben der Landwirte gestellt wird. Ausserdem könnte folgender Fall eintreten [1]).
In gleicher Entfernung vom massgebenden Markt liegen
zwei Güter, von denen das eine wegen sehr ungünstiger Arbeiter-
verhältnisse in nächster Nähe befindet sich ein Bergwerk und
eine grosse Fabrikanlage nur einen Tauschwert von 1000 Mark
pro Hektar besten Landes, das andere dafür einen Tauschwert
von 3000 Mark hat, denn es besitzt einen tüchtigen Stamm von
alteingessenen Arbeitern. Da für beide Güter der Heumarktpreis
massgebend ist, so müssen beide für 100 kg Heu den Marktpreis
von 6 Mark rechnen. Dann würde sich ergeben:

1. Für Gut A.
Heupreis 6 Mark.
Abzug für die düngenden Stoffe, nach Pohls Tabelle für
einen Tauschwert des Hektar erstklassigen Landes von
3000 Mark gefunden:

1,5 kg Stickstoff . à 200 Pfg. = 3,— Mk.
1,3 „ Kali . . . à 40 „ = 0,52 „
0,4 „ Phosphorsäure à 60 „ = 0,24 „

Abzuziehen für Düngerwert . 3,76 Mk.
Für Futterwert bleibt also . 2,24 „

2. Für Gut B.
Heupreis 6 Mark.
Abzug für die düngenden Stoffe, nach Pohls Tabelle für
einen Tauschwert des Hektar erstklassigen Landes von
1000 Mark gefunden:

1,5 kg Stickstoff . 0,91 Mk.
1,3 „ Kali . . . . . . 0,156 „
0,4 „ Phosphorsäure . . . . . 0,076 „

Abzuziehen für Düngerwert . 1,14 Mk.
Für Futterwert bleibt also . . 4,86 „
2,62 Mark mehr als bei Gut A.

---

1) Das Beispiel ist etwas extrem gewählt, um die Folgen recht deutlich er-
kennbar zu machen.

Aus welchem Grund soll nun aber auf Gut B. der Futterwert von 100 kg Heu grösser sein, als auf Gut A.?

Wenn ein massgebender Marktpreis nicht vorhanden ist, so soll der Verwertungspreis berechnet werden. Abgesehen von den schon oben angegebenen Bedenken gegen einen solchen ist fraglich, wie Pohl den Düngerwert der organischen Substanz in Stalldünger und Streu, und damit den ganzen Stalldüngerwert, sowie die Streukosten, in die Verwertungspreisberechnung der stickstofffreien verdaulichen Substanz einsetzen will. Denn den Düngerwert der organischen Substanz im Stalldünger bewertet er selbst erst in Prozenten vom Geldwert der verdaulichen stickstofffreien Substanz in den Futtermitteln! --

Pohls Rechnungsweise ist hiernach unbrauchbar und nicht zu empfehlen, wenn auch nicht verkannt werden soll, dass eine so lebhafte Betonung des Düngerwerts, wie er sie bringt, entschieden Anerkennung verdient. War doch dieser Punkt gerade in neuerer Zeit oft kaum beachtet worden.

VIII. Berechnungen, welche sich auf die Bewertung der einzelnen Nährstoffe nach Marktpreisen gründen.

Wir werden jetzt diejenigen Arten der Geldwertsberechnung betrachten, welche sich auf die Bewertung der Einzelnährstoffe nach den Marktpreisen stützen, um dann auf irgend eine Weise den Geldwert zu ermitteln. Der erste landwirtschaftliche Schriftsteller, der auf diesem Wege vorging, war **Grouven**[1]), der an seiner Methode auch bis zu letzt festhielt. Er berechnete aus den Marktpreisen ein Wertsverhältnis von Proteïn zu Fett zu Kohlehydraten wie 2,67 : 3,35 : 1. Die Angaben, die er über die Berechnung selbst macht, sind aber nicht ausreichend, um uns eine Zustimmung zu ermöglichen, ebenso sind die ihnen zu Grunde liegenden Annahmequellen veraltet. Auch das steht wohl fest, dass man zur Berechnung des Wertverhältnisses aus den Marktpreisen später vollkommnere Methoden angewendet hat, so dass Grouvens Resultat weniger Berechtigung haben dürfte, als die auf dieselbe Weise, nur durch andere Rechnung gefundenen, neueren Wertsverhältnisse. Doch selbst wenn wir ganz hiervon absehen, ist doch noch einiges Andere vorhanden, was uns die Grouvenschen Geldwerte zweifelhaft machen muss.

Wir meinen, dass Grouven mit Hilfe des obigen Verhältnisses den schliesslichen Geldwert der Futtermittel teils nach dem Marktpreis des Roggens, teils nach dem des Wiesenheues berechnen will. So soll zum Beispiel der Geldwert der Futterkartoffeln, der Schlempe, der Melasse, der Runkeln nach dem

---

1) Vergl.: Grouven, Vorträge über Agrikulturchemie. Köln 1882.

Marktpreis des Roggens berechnet werden, während der Roggen doch als menschliches Nahrungsmittel gegenüber anderen Futtermitteln einen Vorzugspreis besitzt, der sich im Gegensatz zu den genannten Futtermitteln durch seine leichte Transportierbarkeit noch erhöhen muss. Es gelten bezüglich des Roggenpreises auch teilweise die schon oben bei Behandlung des Verfahrens von von der Goltz [1]) geltend gemachten Bedenken.

Der Heupreis ist, wie im Verlauf dieser Arbeit schon des öfteren ausgeführt wurde, für die Bewertung der Futtermittel überhaupt nicht als Grundlage zu benutzen, weil er in der Regel als ein „massgebender" nicht anerkannt werden kann.

Es ist eine Benutzung der Geldwertszahlen Grouvens — auf den Wert der in den Futtermitteln enthaltenen Pflanzennährstoffe geht er überdies gar nicht ein — demnach nicht anzuraten.

Ganz anders, wenn auch unter Benutzung der Marktpreise, will **Mayer**-Wageningen [2]) unsere Aufgabe lösen. Er knüpft an die Thatsache an, dass im Handel Futtermittel vorkommen, die sich fast nur durch grösseren Gehalt an einem Nährstoff unterscheiden. So vergleicht er Oelkuchen und extrahiertes Oelsamenmehl, von denen der erstere bekanntlich bedeutend mehr Fett enthält. Durch Multiplikation bringt er die Gehaltszahlen des Oelkuchens in Uebereinstimmung mit denen des Mehles, bis auf Fett und Marktpreis. Dann subtrahiert er und erhält das Ergebnis, dass der Fettüberschuss des Oelkuchens einen Marktpreisüberschuss von x Mark bedingt, woraus sich dann der Preis für ein Kilogramm Fett ergiebt. Entsprechend verfährt Mayer bei den Kartoffeln und erhält so den Kohlehydratpreis. Hier benutzt er allerdings nicht den Marktpreis, sondern die mittleren Produktionskosten zur Berechnung. Durch Einsetzen der so gewonnenen Zahlen ergiebt sich dann der Preis für Protein mit Leichtigkeit.

Ich möchte noch bemerken, dass Mayer diese seine Methode zwar nicht für unbedingt richtig erklärt, sie jedoch den anderen Methoden vorziehen will und von ihrer Anwendung Erfolge erhofft.

---

1) Vergl. Seite 93 dieser Arbeit.

1) Vergl.: Mayer, Bemerkungen zu dem Referat „Ueber die Geldwertsberechnung der Futtermittel von Dr. J. König." Journal für Landwirtschaft 1881.

Die Berechtigung zu dieser Annahme dürfte jedoch bezweifelt werden, und zwar aus folgenden Gründen:

Bei der Bewertung des Fetts ist, von der Berechtigung der hier stattfindenden Multiplikation abgesehen, entschieden nicht berücksichtigt worden, dass die Oelkuchenmehle, die beim Extraktionsverfahren gewonnenen Rückstände, verschiedene unangenehme Eigenschaften besitzen, die ihren Wert an und für sich heruntersetzen, so dass ein direkter Vergleich der in ihnen enthaltenen Nährstoffe mit denen der gepressten Oelrückstände nicht angängig erscheint. Was ferner die Kartoffel anbetrifft, so setzt bei der Berechnung der Kohlehydrate Mayer das in ihnen enthaltene Protein, obwohl er dessen Wert nicht kennt, einfach mit einem Geldwert an. Und da die Benutzung von Marktpreisen bei ähnlichen Futtermitteln, wie die Kartoffel, nicht angebracht ist, so verwendet er die durchschnittlichen Produktionskosten unter mittleren deutschen Verhältnissen. Weshalb er diese gleich 3 Mark setzt, und durch welche genaue Berechnung dieser Wert zu finden ist, giebt Mayer nicht an. Und nach unseren bisherigen Betrachtungen über Produktionskostenrechnung müssen wir auch glauben, dass ihm dies schwer fallen dürfte. In einer Anmerkung spricht W. Henneberg[1] Aehnliches aus. Nach einer Besprechung der Produktionskostenrechnung sagt er: „Dem Obigen zufolge kann ich mich natürlich nicht damit einverstanden erklären, dass Professor A. Mayer empfiehlt, bei der Einschätzung des Geldwerts der Kohlehydrate von den Produktionskosten der Kartoffeln oder Rüben auszugehen."

Es bleibt uns nun von den Methoden, welche Marktpreise zur Berechnung benutzen, noch eine übrig, die aber unstreitig Beachtung verdient, wenn man nur die Anforderungen an sie stellt, denen sie eigentlich angepasst ist. Ich meine die Berechnungsmethode, welche auf Grund der Arbeiten der „**Kasseler Kommission**" festgestellt ist. Die Geschichte der Einsetzung dieser Kommission, wie ihre Zusammensetzung des längeren zu schildern, kann hier nicht meine Aufgabe sein[2]. Ich führe nur an, dass auf Veranlassung von König auf der Naturforscherversam-

---

[1] Vergl.: Henneberg, Wertschätzung der Futterstoffe. Journal für Landwirtschaft, Jahrgang 1883.

[2] Ich verweise diesbezüglich auf: Dietrich und König, Die Zusammensetzung und Verdaulichkeit der Futtermittel, Bd. II.

lung in Kassel im Jahre 1878 eine Kommission eingesetzt wurde, die sich mit der Anbahnung eines geeigneten Verfahrens zur Geldwertsberechnung der Futtermittel beschäftigen sollte. Sie bestand aus den Herren: Dietrich, Heiden, W. Henneberg, Kühn (Möckern), Maerker, Schultze, Wagner, Wolff und König. Durch König wurden mehrfach Resultate ihrer Arbeiten veröffentlicht, doch genug damit. Ich werde noch möglichst kurz die Ergebnisse der Untersuchungen und dann eine Kritik derselben geben.

In ihrer ersten Sitzung[1]) beschloss die Kommission nur mit Rohnährstoffen zu rechnen, ferner von Rechnungen mit physiologischen Werten abzusehen, und den Marktpreis zu Grunde zu legen.

In der zweiten Sitzung beschloss sie die Durchschnittspreise der letzten fünf Jahre für die Berechnungen zu Grunde zu legen.

In der dritten Sitzung einigte man sich dahin, für den Gehalt der Futtermittel von König angegebene Mittelzahlen zu verwenden, die Methode der „kleinsten Quadrate"[2]) zur Berechnung heranzuziehen, und nur Futtermittel zu berücksichtigen, die nicht irgendwie abnormes Verhalten zeigen. Der letzte Beschluss wurde nachher wieder rückgängig gemacht. Es fanden sogar später Ausdehnungen der Rechnungen auf Futterstoffe statt, die man zuerst nicht berücksichtigt hatte.

Die Rechnung nach der Methode der kleinsten Quadrate ergab nun folgende Ergebnisse:

(Siehe Tabelle Seite 107.)

Die nach der Methode der kleinsten Quadrate sich ergebenden Wertverhältnisse schwanken also recht beträchtlich, was sich aus den Schwankungen der Marktpreise erklärt. Nach König hatte 1891 das Verhältnis 2,5 : 1,5 : 1 die meiste Berechtigung,

---

1) Vergl.: König, Ueber die Geldwertsberechnung der Futtermittel. Landwirtschaftliche Jahrbücher 1881, 1882, 1887.

2) Dieselbe hier zu schildern, würde zu weit führen. Ich verweise auf Dietrich und König, Zusammensetzung und Verdaulichkeit der Futtermittel, Bd. II. Nur sei erwähnt, dass diese von Gauss entdeckte Methode von Physikern und Astronomen angewendet wird, um aus einer Reihe von nicht gut übereinstimmenden und mit Fehlern behafteten Beobachtungen oder Versuchen das wahrscheinlichste Mittel zu berechnen. Man stellt eine Reihe von Gleichungen mit drei Unbekannten auf, und bringt durch Multiplikationen und folgende Addition endlich drei Hauptgleichungen zustande, aus denen man die drei Unbekannten, in unserem Falle die Werte von Eiweiss, Fett und Kohlehydraten, ermittelt.

doch wird sich dies bei anderweitiger Bewegung der Markpreise
wieder ändern. Mit der Aenderung der Wertverhältnisse ändert
sich dann auch natürlich wieder der Geldwert, den man mit
ihnen zugleich für die verschiedenen Futtermittel festgestellt hat.

Resultate der Geldwertsberechnung nach der Methode der
kleinsten Quadrate:

| Nr. | | Absolute mittlere Werte | | | Wertsverhältuis rund: |
		x Protein	y Fett	z Kohlehydrat	$x : y : z$
1	Nach den Mittelpreisen in den Jahren 1874—1878	0,335	0,332	0,109	3 : 3 : 1
2	Nach den Mittelpreisen 1878—1879	0,301	0,316	0,086	3,5 : 3,7 : 1
3	Nach den mittleren Herbstpreisen 1879 nach Einführung des Zolltarifs	0,270	0,244	0,121	2,2 : 2,0 : 1
4	II. Halbjahr 1882	0,312	0,175	0,117	2,6 : 1,5 : 1
5	I. Halbjahr 1883	0,310	0,148	0,121	2,6 : 1,2 : 1
6	II. Halbjahr 1883	0,292	0,150	0,139	2,1 : 1,1 : 1
7	I. Halbjahr 1884	0,292	0,142	0,139	2,1 : 1 : 1
8	II. Halbjaht 1884	0,280	9,157	0,134	2,1 : 1,2 : 1
9	I. Halbjahr 1885	0,277	0,161	0,128	2,1 : 1,3 : 1
	Mittel der letzten sechs Halbjahre	0,294	0,156	0,125	2,3 : 1,3 : 1
	Gesamtmittel der neuen Berechnungen	0,294	0,203	0,121	2,5 : 1,7 : 1

Zu dieser Methode ist nun folgendes zu bemerken:

Bei der Lage des Futtermarktes und der landwirtschaftlichen
Versuchsstationen in den achtziger Jahren mochte eine Bewertung nach Rohnährstoffen angebracht erscheinen. Für heute, wo
wahrscheinlich genügende Angaben vorliegen würden, wäre eine
Berechnung nach verdaulichen Nährstoffen besser, und wahrscheinlich auch ausführbar[1]). Doch könnte, abgesehen hiervon,
ja die Berechnung noch genügend brauchbar sein und ist
es auch wirklich, wenn man von einer auf den Marktpreisen
direkt beruhenden Berechnung nur das verlangt, was sie leisten
kann.

1) Vergl. auch Seite 129 dieser Arbeit.

Die Rechnungsmethode gibt uns zunächst ein ziemlich genaues Bild darüber, in welchem Preisverhältnis Protein, Fett und stickstofffreie Extraktstoffe jeweilig auf dem Markte zu einander stehen. Man kann gegen die dabei verwendeten Zahlen, sowie gegen die Art der Berechnung[1]) nichts einwenden. Ob allerdings die Ergebnisse jedem Anspruche auf Genauigkeit und Richtigkeit genügen, ist zu bezweifeln. Es hat besonders Mayer-Wageningen in seiner schon erwähnten Schrift hierauf hingewiesen; doch scheinen seine Einwendungen nicht zugänglich zu sein, die vorliegende Methode der Wertberechnung umzustossen, so lange man etwas Besseres nicht besitzt. Immer allerdings unter der Voraussetzung, dass man von einer Marktpreisberechnung nur verlangt, was eine Marktpreisberechnung geben kann. Ich komme also zu dem Schlusse, dass unter dieser Voraussetzung ein Einwand gegen die Ergebnisse dieser Berechnungsart, gegen das hier erhaltene Wertverhältnis der Nährstoffe, wie gegen die daraus abgeleiteten Wertszahlen nicht zu erheben ist.

Was giebt uns aber eine ausschliesslich auf die Marktpreise sich stützende Berechnung des Wertverhältnisses der Nährstoffe (und des Geldwertes der Futtermittel) für Auskunft, in wie weit dürfen wir die so gewonnenen Zahlen benutzen?

Eine auf Marktpreise gestützte Berechnung kann uns immer nur Angaben machen, die für die Zeit der Berechnung gültig sind. Das sehen wir schon an dem Schwanken der errechneten Wertsverhältnisse. Um brauchbar zu sein, müssen die fraglichen Berechnungen also recht häufig wiederholt werden.

Die Angaben über das Verhältnis der Werte von Protein zu Fett zu stickstofffreien Extraktstoffen beziehen sich immer nur auf die in den gezahlten Preisen zum Ausdruck kommenden Anschauungen des Marktpublikums, in unserem Falle also der Kraftfuttermittel kaufenden Landwirte. Indem diese für ein proteinreiches Futtermittel soviel, für ein proteinarmes soviel zahlen, geben sie ihrer Anschauung Ausdruck, dass sie den beiden

---

1) Ich bin zwar nicht Mathematiker genug, um hier selbst zu entscheiden, verweise aber auf:

W. Fleischmann, Zur Berechnung des Geldwertes der Futtermittel. Journal für Landwirtschaft 1881. Ebendort: Mayer-Wageningen, „Bemerkungen zu dem Referat über die Geldwertsberechnung der Futtermittel, Dr. J. König."

Futtermitteln einen derartigen Wert beilegen, und zwar dem proteïnreichen zum Beispiel einen x Mark höheren.

Man kann aber hieraus einmal nicht folgern, dass lediglich der Proteïnreichtum die Mehrzahlung veranlasst. Noch weniger kann man aus den am Markt für ein Futtermittel gezahlten Preisen folgern, dass das Futtermittel thatsächlich einen gewissen Mehrwert für die Wirtschaft des Käufers besitzt im Vergleich mit dem geringer bezahlten.

Der Marktpreis entspringt der subjektiven Bewertung des Futtermittels durch Käufer und Verkäufer, und ist allen Irrtümern derselben unterworfen.

Somit kommen wir zu folgenden Schlüssen bezüglich der Benutzung von Geldwerten und Wertsverhältnissen, die durch Berechnung aus den Marktpreisen gewonnen sind, wie die vorliegenden:

Die Richtigkeit, beziehungsweise möglichste Richtigkeit, u. s. w. der gewonnenen Zahlen vorausgesetzt können wir solche Ergebnisse nur bei Entschädigungsberechnungen verwenden, um festzustellen, wie hoch derzeitig auf dem Markte im Durchschnitt das Kilogramm Proteïn, Fett, Kohlehydrate bezahlt und geschätzt wird. Der Benachteiligte muss soviel Geld erhalten, als er braucht, um sich die fehlenden Nährstoffe auf dem Markt zuzukaufen, und zwar soviel, dass er dies in Futtermitteln von durchschnittlichem Wert thun kann.

Dies ist wohl der einzige Fall, wo uns eine blosse Angabe darüber, wie hoch der Markt derzeitig ein Futtermittel bezw. seine Nährstoffe im Durchschnitt bewertet, nutzen kann. Denn über den thatsächlichen Wert der Futtermittel für eine Landwirtschaft können uns die verschiedenen Marktpreise oder die davon direkt abgeleiteten Zahlen, die von Reklame, altüberlieferten Vorurteilen, Zufälligkeiten in Angebot und Nachfrage, und vielen anderen Dingen abhängig sind, nie eine Auskunft geben, besonders nicht, wenn die abgeleiteten Zahlen sich nur auf Rohnährstoffe beziehen.

Wir sehen also, dass die Resultate der von der Kasseler Kommission unternommenen Versuche einer Geldwertsberechnung der Futtermittel nur einen sehr bedingten Wert besitzen. Ich muss aus diesem Grunde auch eine Berechnung des Professors

Heiden-Pommeritz[1]), die sich auf die zuerst von der Kommission ermittelten Werte stützt, zurückweisen. Heiden will darin die Frage beantworten: In welchem der konzentrierten Futtermittel kaufe ich das, was mir fehlt, am billigsten? Dazu sind aber die Ergebnisse der eben betrachteten Rechnung nicht imstande. Das gleiche gilt von vielen ähnlichen Berechnungen, so unter anderen auch von einer des Professors Maerker[2]).

In anderer Form, doch ebenfalls mit Benutzung der Methode der kleinsten Quadrate sucht **von Malinkowsky** die Geldwerte der Futtermittel zu berechnen[3]). Er benutzt dazu auch die Marktpreise, will jedoch auch den Düngerwert beachtet wissen, und verfährt deshalb folgendermassen.

Von dem für die verschiedenen Futtermittel erhaltenen Marktpreise zieht er ihren Gehalt an Stickstoff, Kali und Phosphorsäure ab, und zwar nach den für den Wiener Markt ermittelten Preisen von 1,20 Mark, 0,24 und 0,36 Mark. Den nun verbleibenden Rest eines jeden Futtermittels erst benutzt von Malinkowsky zur Ermittelung des Futtergeldwertes. Er setzt das Fett seines physiologischen Verhaltens wegen gleich 2,5 Kohlehydrate und erhält nun aus dem Gehalt der Futtermittel an den beiden Nährstoffen[4]) und aus dem Preisrest Gleichungen mit zwei Unbekannten.

Der Versuch, im Wiesenheu, in dem der Preisrest 2,87 Mark für 7,4 kg Protein + 44,9 kg Fett + Kohlehydrate übrig blieb, je die Hälfte dieses Preisrestes für alles Protein, beziehungsweise für die ganzen Kohlehydrate + Fett einzusetzen, misslang oder hatte vielmehr keine brauchbaren Resultate. Doch benutzt von Malinkowsky nun die Methode der kleinsten Quadrate, um die nötigen Korrekturen zu finden, und erzielt mit Einsetzung derselben brauchbarere Ergebnisse. Um diese noch zu verbessern, will unser Autor nur Futtermittel mit einander vergleichen, die

---

1) Vergl.: Heiden, Die Geldwertsberechnung der Nährstoffe in den konzentrierten Futtermitteln unter Zugrundelegung der Marktpreise derselben. Fühlings landw. Zeitung 1884.

2) Vergl.: Maerker, ist es rationell, Getreideschrot zur Milchproduktion und Mastung zu verfüttern, oder empfiehlt es sich, das Getreide zu verkaufen und an Stelle desselben Kraftfuttermittel zuzukaufen? Fühlings landw. Zeitung 1884.

3) Vergl. seinen Artikel in der Wiener landw. Zeitung 1882.

4) Also Protein und Kohlehydrate + Fett. (Letzteres zu 2,5 Kohlehydrate gerechnet.)

von einer ähnlichen Beschaffenheit und Nährwirkung sind.
Die Grundlage soll, wie schon erwähnt, das Wiesenheu und sein
Marktpreis sein. Der Zweck, zu dem von Malinkowsky die Methode der kleinsten Quadrate benutzt, ist, wie man sieht, nicht
so umfassend wie bei der Kasseler Kommission. Es dürften
aber, wenn man auch hier nichts einzuwenden hat, sich doch in
anderer Beziehung gewichtige Bedenken ergeben. So erhalten
sämtliche in einem Futtermittel befindlichen Teile Kali, Phosphorsäure und Stickstoff Düngerwerte, wo doch zum Beispiel bei
wachsenden, jungen Tieren der Stickstoffverlust durch Ansatz im
Körper ein ganz beträchtlicher sein kann. Ebenso finden unter
anderen Umständen und bei anderem Vieh grössere oder geringere Abgänge statt. Weiter vermisst man eine Begründung
für die Berechtigung, die verdaulichen Proteïnstoffe, und andrerseits Fett + stickstofffreie Extraktstoffe zu gleichen Teilen an
dem übrig bleibenden Preisrest Anteil nehmen zu lassen. Denn
dass beide Gruppen zur Ernährung des Tierkörpers unbedingt notwendig sind, wie er ausführt, berechtigt noch lange nicht dazu.
Ebenso gut könnte man sagen: Die Mineralstoffe im Futter sind
für das Tier ebenso notwendig wie die gesamte organische Substanz, deshalb sind sie gleichwertig. — Endlich können wir einer
auf die Marktpreise des Wiesenheues gegründeten Berechnung
aus schon öfter erwähnten Gründen nicht zustimmen.

An die Berechnung der Kasseler Kommission schliesst sich
in gewisser Weise die Geldwertberechnungsmethode **Emmerlings**[1])
an. Dieser unterscheidet in einer diesbezüglichen Abhandlung
die Berechnung des Handelswertes, und die Berechnung des
wahren, wirtschaftlichen oder Gebrauchswertes der Futtermittel.

Für die Berechnung des ersteren sind seiner Anschauung
nach die Untersuchungen auf Rohnährstoffe zu begründen, weil
die Futtermittelkontrolle schnelle und sichere Bestimmungsme-
thoden verlangt. Das dabei anzuwendende Wertsverhältnis bemisst Emmerling einstweilen auf $5 : 5 : 1$, bis die Kasseler Kommission einen anderen, definitiven Beschluss hierüber gefasst hat.
Der Autor billigt also das Verfahren und Vorgehen derselben,
nur glaubt er, die bezüglichen Berechnungen dürften nicht auf zu

---

1) Vergl. Heft 11 der Mitteilungen aus der land- und milchwirtschaftlichen
Versuchstation in Kiel.

kurze Fristen sich erstrecken. So Emmerling über den Handelswert der Futtermittel. Seine Ausführungen decken sich im wesentlichen mit denen der Kasseler Kommission, und ich kann ihnen im grossen und ganzen ebenso zustimmen wie jenen der Kommission, allerdings unter den dort gemachten Bedingungen. Die Berechnung des wirtschaftlichen Werts der Futtermittel soll, da dieser, wie Emmerling sehr richtig erwägt, nicht vom Marktpreise abgeleitet werden kann, durch Vergleichung mit dem Werte anderer, landwirtschaftlicher Gebrauchsgegenstände geschehen. Hierbei ist ausserdem nur mit verdaulichen Nährstoffen zu rechnen. Emmerling wählt, vielleicht im Anschluss an von der Goltz, den Roggen, benutzt ferner das schon oben behandelte Wertsverhältnis 5 : 5 : 1 und berechnet nach dieser Methode den Wert aller Futtermittelarten. Bei Rauhfutterstoffen, Grünfutter, Hackfrüchten, wie beim sogenannten Kraftfutter ist vorher aber ein Abzug von 40 % des Wertes nötig -- Emmerling beruft sich hier auf von der Goltz, wie überhaupt die ganze Methode seiner wirtschaftlichen Wertsberechnung ein Spiegelbild der Ausführungen des erwähnten Forschers ist. Ich kann daher bezüglich meines Urteils über sie auf das schon Gesagte verweisen [1]).

Den Düngerwert will Emmerling bei der Ermittelung des wirtschaftlichen Wertes gleichfalls beobachtet wissen. Er stellt hier unter Berücksichtigung notwendiger Abzüge den Wert von einem Kilo Stickstoff gleich 0,50 Mark, einem Kilo Phosphorsäure gleich 0,20 Mark und einem Kilo Kali gleich 0,10 Mark fest, und berechnet hiernach den Wert der in dem Futtermittel enthaltenen Pflanzennährstoffe. So sehr wir selbst für eine Berücksichtigung des Düngerwertes sind, so müssen wir trotzdem darauf aufmerksam machen, dass sich Emmerlings Methode für die Düngerwertsberechnung mit der kurz vorhergehenden Berufung und Benutzung von von der Goltz nur schlecht verträgt. Denn dieser sagt in seiner Taxationslehre: „Mit Recht berücksichtigt daher der Landwirt . . . lediglich den Gehalt an organischen Nährstoffen. Vollends . . . nach der hier vorgeschlagenen Methode. Wollte man ausser den organischen Bestandteilen noch die mineralischen berücksichtigen,

so würde man zu Geldwertszahlen kommen, welche mit der thatsächlichen, praktischen Erfahrung, mit den Resultaten der seitens
der Wissenschaft gemachten Fütterungsversuche und mit den
Preisen der Handelsfuttermittel und der Körnerfrüchte gleichmäs-
sig in Widerspruch sich befinden." Danach muss Emmerling entweder auf die Düngerwertsberechnung, oder auf die Berufung auf von der Goltz verzichten.
Ueber seine Methode im ganzen ist zu sagen, dass seine
Anschauungen bezüglich des Handelswertes grösstenteils als richtig
anzuerkennen sind. Doch haben uns hier die Arbeiten der Kasseler Kommission mehr, und Genaueres gegeben. Die Berechnung des wirtschaftlichen Wertes dagegen ist aus den verschiedensten Gründen nicht zu empfehlen.

Ebenfalls unter Benutzung der Methode der kleinsten
Quadrate, wie die Kasseler Kommission, sucht W. Henneberg[1])
die Geldbewertung der Futtermittel zu erreichen. Nachdem er
andere Versuche kritisiert hat, kommt er zu dem Schlusse, dass
sich für eine solche Geldwertsermittlung nur die Marktpreise
verwenden lassen. Diese aber hält er für sehr geeignet, ja er
misst ihnen eine sonst nicht gekannte Bedeutung bei, soweit sie
sich auf Futterstoffe beziehen, die zur Fütterung schon seit längerer Zeit allgemeine Verwendung finden, nicht zugleich hervor-
ragende menschliche Nahrungsmittel bilden, und zu den wirklich
marktgängigen Waren gehören. Henneberg sagt, hierauf Bezug
nehmend, wörtlich: „Bezüglich dieser Futterstoffe wäre es, bei
dem anzuerkennenden Scharfblicke der Praxis, von der es ja gewissermassen sprichwörtlich heisst, dass sie der Theorie voraneilt,
kaum zu verstehen, wie es zugehen sollte, dass die zahlreichen
und in den verschiedenen Zweigen der Tierproduktion mit ihnen
gemachten Erfahrungen nicht im Grossen und Ganzen ihre Marktpreise rechtfertigen". Weiter sagt Henneberg dann: „Man wird
mit um so grösserer Sicherheit erwarten dürfen, dass Marktpreise und Futterwerte im Grossen und Ganzen zusammengehen,
je grösser die Zahl der Futterstoffe und je vielseitiger und länger
sie im Gebrauch sind". Es muss zugegeben werden, dass ja
sicher die Marktpreise uns in ihrer Gesamtheit wertvolle Auf-

---

1) Vergl.: W. Henneberg, Die Wertschätzung der Futterstoffe. Journal für
Lanewirtschaft 1883.

schlüsse über den Wert und Unwert der Futtermittel geben können, ja dass wir bei einer Bewertung in Geld uns zuletzt in irgend einer Weise an die Marktpreise halten müssen. Doch vertraut Henneberg vielleicht zuviel dem Scharfblick der Praxis, wenn er glaubt, dass durch die von ihr gemachten Erfahrungen sich die Marktpreise im Grossen und Ganzen rechtfertigen liessen. Wenn man bedenkt, wie neu noch für viele Landwirte die Benutzung von Kraftfuttermitteln überhaupt ist, wie ungern der Landwirt, besonders der kleine, sich aufs Herumprobieren verlegt, wie ferner oft für eine schlechte Qualität, die geliefert wurde, die ganze Futtermittelsorte verantwortlich gemacht wird, so wird man diese Ansicht wohl teilen. Sie erscheint um so mehr gerechtfertigt, wenn man erwägt, von welcher Wichtigkeit die übrige Fütterung, die ganze Haltung des Viehes, die mehr oder weniger gute Aufbewahrung des betreffenden Kraftfutters ist, wie sehr der Landwirt durch eigenes Vorurteil, durch Vorurteil und Aberglauben seiner Leute, durch allgemein wirtschaftliche und pekuniäre Verhältnisse, durch Reklamewesen beeinflusst wird. So wird man zu der Ueberzeugung kommen, dass das in den Marktpreisen zum Ausdruck kommende Urteil der Landwirte über den Wert einer Futtermittelsorte doch nur von sehr bedingter Richtigkeit ist. Man beachte doch auch zum Beispiel, dass ja die Beurteilung eines Futtermittels auf seinen Wert von Individualität, von Schlag und Rasse der Tiere ausserordentlich abhängig ist, wie es ja auch nicht zu den Seltenheiten gehört, dass man die widersprechendsten Urteile über ein Futtermittel vernimmt. Ausser allen diesen Umständen dürfte sehr bestimmend in die Wage fallen, dass zunächst bei der Preisbestimmung auf dem Markte doch auch die Verkäufer hervorragend beteiligt sind, dass fast alle Handelsfuttermittel Nebenprodukte oder Abfälle darstellen, die nicht um ihrer selbst willen produziert werden. Der Marktpreis richtet sich bei ihnen daher viel weniger nach der Höhe der von den Käufern ihnen gewidmeten Wertschätzung, als bei einem Hauptprodukt, denn es kommt für den Verkäufer die Notwendigkeit hinzu, mit den sich fortwährend ansammelnden Vorräten des Nebenprodukts zu räumen.

Nach dieser Abschweifung, die wir machten, um die nach unserer Meinung übertriebene Wertschätzng der Marktpreise durch

Henneberg zurückzuweisen, wende ich mich wieder seiner Methode zu.

Er berechnet nach der Methode der kleinsten Quadrate aus den Marktpreisen von 17 Futtermitteln das Geldwertsverhältnis und den Preis der einzelnen Nährstoffe pro Kilogramm. Er erhält als Verhältnis 3,1 : 4,0 : 1,0. und als Preise für Protein 33,8 Pf., Fett 45,3 Pf., Kohlehydrate 11,2 Pf.

Man wird in dieser Rechnungsmethode die bisher vollkommenste Rechnungsart sehen, wenn es sich, wie ich es schon bei Besprechung der Kasseler Kommission bemerkte, um die Ermittelung des derzeitig auf dem Markt vorhandenen Preisverhältnisses der Nährstoffe zu einander, wie des derzeitigen durchschnittlichen Marktpreises eines Nährstoffes handelt. Hierfür, für den bei Entschädigungen in Anbetracht kommmenden Entgelt für nicht gelieferte Nährstoffe, ist unseres Erachtens Hennebergs Methode die vorzüglichste, die bisher vorhanden ist, wenn wir auch der Meinung sind, dass ihre Ausführung in umfassenderer Weise vor sich gehen und in gewissen Zeitabschnitten wiederholt werden muss. Sie stellt eine Kopie der Rechnungsart der Kasseler Kommission dar, hat nur deren, von mir schon gerügten Mangel nicht, dass sie mit Rohnährstoffen arbeitet[1]). Es passt daher ziemlich alles über die Kommissionsrechnung Gesagte hierher, so dass ich mich an dieser Stelle kurz fassen kann. Henneberg selbst erkennt, dass in der bezeichneten Richtung der Hauptwert seines Verfahrens liegt. Er bringt dies auch im letzten Teile seiner Abhandlung zum Ausdruck. Wenn er es aber auch für die Geldbewertung der Futtermittel im Allgemeinen, zur Beurteilung des Wertes der marktlosen Futtermittel, und so weiter, für geeignet hält, so muss man ihm widersprechen. Zwar ist es nicht unrichtig, den derzeitigen durchschnittlichen Preis eines Nährstoffs oder der Nährstoffe auf dem Markt überhaupt für die Beurteilung des wirtschaftlichen Wertes derselben heranzuziehen, wenn man eine derartige Meinung von der Richtigkeit der Marktpreise im Verhältnis zu ihrem wirtschaftlichen Wert hat, wie Henneberg. Doch, dass dieser hierin zu weit geht, glauben wir kurz zuvor gezeigt zu haben, und so muss man, wie

---

[1]) Henneberg hat sich allerdings in den weiteren Verhandlungen der Kommission ihrer Rechnungsweise, also der Berechnung mit Rohnährstoffen, angeschlossen.

bei der Methode der Kasseler Kommission, betonen, dass eine direkt auf den Marktpreisen beruhende Geldberechnung uns nur über den derzeitigen Preis eines Nährstoffs auf dem Markte, über das derzeitige Verhältnis der Marktpreise der verschiedenen Nährstoffe zu einander aufklären, nicht aber uns Aufschlüsse irgend welcher Art beziehentlich des wirtschaftlichen Werts dieser Dinge geben kann.

IX. Rechnungen, welche nur relative Werte zu finden suchen.

Unter den Schriftstellern, welche auf Ermittelung vollständig giltiger Geldwerte für die Futtermittel verzichtend, nur relative Werte finden wollen, steht in erster Linie **Drechsler**, mit dessen Berechnungsmethode wir ja schon teilweise Bekanntschaft gemacht haben[1]). Dieser landwirtschaftliche Schriftsteller ist zuerst[2]) von dem Preise des Heues, den er für den angemessenen hielt, ausgegangen und hat mit Hilfe der Nährstofftaxen Hennebergs eine Futtergeldbewertung versucht. Später ist er zu anderen Anschauungen gekommen, die er in einer grösseren Arbeit[3]) — sie schliesst sich an eine Kritik der Taxationslehre von von der Goltz an, -- niedergelegt hat. Mit ihr nur werden wir uns zu beschäftigen haben.

Drechsler will in seiner Arbeit von den äussersten Grenzen des Preises, von Minimal- und Maximalpreis ausgehend, allmählich dem wirklich anzusetzenden Preis so nahe wie möglich kommen. Es wird dann gutachtlich ein künstlicher Preis bestimmt, dem Drechsler allerdings nur einen relativen Wert beilegt.

Den Minimalpreis für Heu — es handelt sich für ihn vorläufig nur um die Bewertung dieses Futtermittels — findet Drechsler in den Produktionskosten[4]), den Maximalpreis im Marktpreise. Innerhalb dieser Grenzen ist nun der Preis näher

---

1) Vergl. Seite 42 dieser Arbeit.

2) Vergl. Drechslers Arbeit im Journal für Landwirtschaft 1869.

3) Vergl.: Drechsler, Untersuchungen auf dem Gebiete der landwirtschaftlichen Betriebslehre: Preisbestimmung der in der Wirtschaft erzeugten und wieder verbrauchten Produkte mit Auschluss des Düngers. Journal für Landwirtschaft 1882.

4) Vergl. auch Seite 46 dieser Arbeit.

zu bestimmen, und zwar durch Berücksichtigung des anderweitigen Verkaufspreises und der anderweitigen Anschaffungskosten.

Drechsler sagt hierüber:

„Bei der Wahl des Preises für mittlere Qualität, die dem taxatorischen Ermessen überlassen bleiben muss, ist zu berücksichtigen:

a) dass der Produktionspreis selber nicht brauchbar ist [1]), weil darin die Qualität nicht zum Ausdruck kommt; er stellt also nur den unteren Ausgangspunkt für eine Preisermittelung dar;

b) dass der Marktpreis in der Regel zu hoch ist. Auch dieser ist daher nur als Ausgangspunkt für die Preisermittelung anzusehen;

c) dass durch Berechnung des anderweitigen Verkaufspreises, soweit er sich berechnen lässt, (loco Hofpreis) und der anderweitigen Anschaffungskosten [2]) die Preisgrenzen einander näher gerückt werden und die Preiswahl erleichtert wird.

Bei dem allmählichen Näherrücken an den geeigneten Preis geht Henneberg wesentlich von nationalökonomischen Grundsätzen aus. Er will, analog der Preisbildung auf dem Markt, eine künstliche Preisbildung veranlassen und die dabei erzielten Näherungswerte in der Rechnung benutzen. Er sagt etwa, die natürliche Preisbildung vollziehe sich unter Einwirkung bestimmter Umstände, diese müsse man daher auch bei der künstlichen Preisbildung beobachten. Hierin ruht ein fundamentaler Irrtum. Denn die Preisbildung, wie sie sich auf freiem Markte vollzieht, bekommt durch viele dort obwaltende Umstände, so besonders durch die Konkurrenz der Käufer wie der Verkäufer, ihr ganz eigenartiges Gepräge. Bei dem in der Wirtschaft sich zwischen Viehhaltung und Ackerbau abspielenden Verkehr ist dagegen eine Konkurrenz fast stets ausgeschlossen. Das Gleiche gilt von einigen anderen auf freiem Markt auftretenden Erscheinungen, so zum Beispiel dem Schwanken von Angebot und Nachfrage. Es ist also nicht richtig, wenn man für den Wert der in der Wirtschaft zirkulierenden Produkte künstliche Preise, den Marktpreisen entsprechend, konstruieren will. In dieser Preiskonstruktion stützt sich Drechsler auf die Untersuchungen Hermanns, die zum min-

---

1) Nicht nur aus dem hier folgenden Grunde ist der Produktionspreis unbrauchbar. Vergl. Seite 48 dieser Arbeit.

2) Drechsler ermittelt sie durch Surrogatwertseinsetzung.

desten nicht über allen Zweifel erhaben sind. Wenn hiernach die Bestimmungsgründe, welche bei Abschluss eines Preises obwalten, zurückzuführen sind auf Seiten der Begehrer auf: Gebrauchswert, Zahlungsfähigkeit und anderweitige Anschaffungskosten; auf Seiten der Ausbietenden auf: Produktionskosten, Tauschwert des Zahlungsmittels und anderweitiger Verkaufspreis; so ist dazu doch zu bemerken, dass auch die Dringlichkeit des Kaufes oder auch des Verkaufes eine Rolle, und zwar eine bedeutende, bei der Preisbestimmung spielen kann, dass ferner die Konkurrenz eine Schwächung der Seite hervorruft, wo sie auftritt.

Auch wirkt bei der Preisbildung nicht der wirklich vorhandene Gebrauchswert, die wirklich vorhandene Brauchbarkeit, sondern die subjektive Ansicht des Käufers über diese Verhältnisse. Auch die Kreditverhältnisse wirken auf die Bestimmung der Preise. — Wir ersehen hieraus, dass man die Gesetze der Preisbildung auf freiem Markte nicht in die Verkehrsverhältnisse zwischen Ackerbau und Viehzucht auf einem Gute einführen kann, und dass auch die von Drechsler benutzten Grundlagen vielleicht beanstandet werden könnten.

Drechsler hatte also die Grenzen für die zu ermittelnden künstlichen Preise festgestellt und will innerhalb dieser dem Gutachten des Landwirts freien Spielraum lassen. Doch soll ein einmal gewählter Preis für Heu eine Reihe von Jahren beibehalten, und nur dann neu festgesetzt werden, wenn eine so erhebliche Aenderung des zu Grunde gelegten Marktpreises eingetreten ist, dass diese, oder gleichzeitig eingetretene Veränderungen in den Absatzverhältnissen, eine Reorganisation der Wirtschaft, oder von Teilen derselben, bedingen. — Eine solche Veränderung wird nun der eine Landwirt für eingetreten halten, wenn er vielleicht, günstiger Preise wegen, $\frac{1}{3}$ mehr Kartoffeln baut, als sonst. Ein anderer erst, wenn er statt einer viehstarken eine viehschwache Betriebsweise einführt. Ausserdem werden bei einer solchen Aenderung, wie Drechsler selbst zugiebt, die relativen Werte umgestaltet werden müssen, und damit sind die auf Grund der vorigen relativen Werte gemachten Berechnungen nunmehr zu Vergleichungen schlecht zu gebrauchen. Dies alles dürfte zu einer Beanstandung sowohl der Methode Drechslers, relative Werte zu finden, wie überhaupt von relativen Werten, führen. Es ist aber bei Drechslers Methode noch ein Punkt zu berücksichtigen. Das ist der folgende: Unser Autor will den aus Marktpreis und Produktionskosten kalkulierten künstlichen Heupreis nach dem von der Goltzschen Nährstoffverhältnis 1 : 4 : 6 nun in die anderen marktlosen Futtermittel einsetzen. Ueber das betreffende Wertsverhältnis haben wir schon an anderem Ort das Nötige kennen gelernt. Da aber weiter die übrigen marktlosen Futtermittel vielfach ganz andere Produktionsverhältnisse haben, als das Wiesenheu, da sie ebenso unter ganz anderen Umständen an den Markt kommen, und auch von den hier geltenden Faktoren in anderer Weise beeinflusst werden, so bestreiten wir die Berechtigung Drechslers, die Heupreise für die übrigen marktlosen Futtermittel einsetzen zu dürfen. — Ich möchte der Vollständigkeit halber noch erwähnen, dass auch Komers, den wir auf früheren Seiten dieser Arbeit[1]) als Vorfechter der Produktionskostenrechnung kennen lernten, in späteren Jahren die Benutzung relativer, mit Hilfe der Roggenmarktpreise konstruierter Werte empfahl[2]). Eine nähere Beurteilung dieser vielfach mit völliger Willkür arbeitenden Methode glaube ich unterlassen zu können. Für unsere Zwecke besitzt sie absolut keinen Wert.

Im allgemeinen kann man von Rechnungen mit relativen Werten sagen, dass sie dem Landwirt manch wertvollen Aufschluss geben; doch liegt bei ihrer Aufstellung immer die Gefahr ausserordentlich nahe, dass der weniger scharfsichtige Landwirt, überhaupt, dass der Praktiker ihnen und den erzielten Resultaten eine zu grosse Giltigkeit beimisst, sie wohl für absolut richtig hält. Ausserdem werden relative Werte für die doppelte Buchführung nur schlecht verwendbar sein. Jedenfalls bieten uns relative Werte nicht das Vollkommene, und deshalb muss man versuchen, zu wirklich brauchbaren Werten zu gelangen, deshalb sind Berechnungsmethoden, die nur relative Werte geben, so lange sich Aussicht auf Besseres bietet, schon an und für sich zu verwerfen, ganz abgesehen davon, ob sie nicht noch aus anderweitigen Gründen falsch erscheinen.

---

1) Seite 47.
2) Vergl.: Komers, Die landwirtschaftliche Betriebsorganisation 1876.

X. Verwertung einer speziellen Geldwerts-berechnung.

Im Anschluss an die Methoden der relativen Werte möchte ich nur ein paar Worte über die Richtung der landwirtschaftlichen Wissenschaften sagen, welche eine Trennung zwischen Ackerbau und Viehzucht, eine gesonderte Rentabilitätsberechnung für beide, entweder gänzlich, oder unter gewissen Verhältnissen für unmöglich hält. Der Hauptvertreter dieser Richtung ist **Lambl**[1]), der von der Untrennbarkeit von Ackerbau und Viehzucht ausgeht, und jede gesonderte Rentabilitätsberechnung für eins von Beiden, damit auch die doppelte Buchführung und die Geldwertsberechnung der Futtermittel, für falsch hält.

Auf seine und anderer landwirtschaftlichen Schriftsteller Gründe einzugehen, kann hier nicht unsere Aufgabe sein, um so weniger, als wir ja von der Voraussetzung ausgingen, eine doppelte Buchführung sei für die Landwirtschaft wünschenswert und notwendig. Wir sind ausserdem überzeugt, dass von dem Tage, wo wir für die Geldbewertung der Futter- und Düngemittel unanfechtbare Zahlen haben, die Gegner der doppelten Buchführung sehr abnehmen werden. Und eine bescheidene Hilfe zur Erreichung dieses Tages möchten wir ja auch in dieser Arbeit bieten. — Zur Beurteilung Lambls erwähne ich nur noch, dass verschiedene landwirtschaftliche Schriftsteller sich mehr oder weniger gegen ihn aussprechen[2]).

---

1) Vergl.: Lambl, Die Depekoration. — Die Grundrente als Zweck aller Landwirtschaft und Viehzucht.

2) Vergl.: Pohls schon erwähnte Werke. Liebscher, Wertschätzung in der Landwirtschaft erzeugten und wieder verbrauchten Produkte. Journal für Landwirtschaft 1884. Kirchner, Rezension von Lambls Schrift. Journal für Landwirtschaft 1889 u. a. m.

XI. Berechnungsmethode mit besonderer Berücksichtigung des Entfernungsmomentes.

Es bleibt mir nur noch übrig, einen Autor zu besprechen, der gewissermassen eine Sonderstellung einnimmt, Dr. Aereboe, welcher in jüngster Zeit unseren Gegenstand behandelnde Arbeiten veröffentlicht hat [1]).

Seine Hauptarbeit, „Untersuchungen über den Geldwert der landwirtschaftlichen Produktionsmittel" betitelt, beschäftigt sich sehr eingehend mit der Geldbewertung der Futtermittel.

Die marktgängigen Futtermittel will unser Autor zum Marktpreise abzüglich der Transportkosten ansetzen, wenn sie auf dem eigenen Gute erzeugt sind; zum Marktpreise plus den Transportkosten, wenn sie vom Markte käuflich erworben sind.

Hiergegen ist nichts einzuwenden, und wir können im Grossen und Ganzen nur damit übereinstimmen [2]).

---

1) Vergl. Aereboe: Berechnung des wirtschaftlichen Wertes der Futtermittel. Landwirtschaftliche Versuchsstationen, Bd. L. — Buchführung, Heft der Mitteilungen der D. L. G. — Untersuchungen über den Geldwert der landwirtschaftlichen Produktionsmittel. Heft 21 der Arbeiten der D. L. G. — Die beiden ersten bieten nicht wesentlich Neues im Vergleich zur Hauptarbeit in Heft 21.

2) Ehe ich auf die Geldbewertung der marktlosen Futtermittel durch Aereboe eingehe, möchte ich nur ganz kurz einige Worte über seine Düngerbewertung sagen, die deshalb von Wichtigkeit ist, weil unser Autor auch in den Futtermitteln eine Düngerbewertung eintreten lassen will. Es soll nun der Stalldünger und damit also auch der Düngerwert der Pflanzennährstoffe in den Futtermitteln nach seinem Gehalt an Stickstoff, Phosphorsäure, Kali, Kalk und organischer Substanz bewertet werden, und zwar sind diese zu denselben Geldwerten anzusetzen, welche den Beschaffungskosten der gleichen Menge Pflanzennährstoffe gleicher Güte in Form von Kunstdünger entsprechen. Bei der näheren Berechnung nimmt nun Aereboe, der dem „isolierten Staat"

Den Wert der marktlosen Futtermittel berechnet Aereboe aus ihrem Futter- und Düngerwert. Ersteren will er nach ihrem Gehalt an Proteïn, Fett und Kohlehydraten bemessen. Die „Füllmasse" kommt, da in genügender Menge stets vorhanden, nicht in Betracht. Wegen der relativen Mangels an Proteïn und Fett in der Landwirtschaft, sowie wegen der Möglichkeit, durch ihre Verwendung ein günstigeres Nährstoffverhältnis zu erhalten, sind beide höher zu bewerten, „bis der physiologische Vorteil der Verwendung eines relativ engen Nährstoffverhältnisses durch die höheren Beschaffungskosten von Eiweiss und Fett wieder aufgeaufgewogen wird." — Diesen „physiologischen Vorteil" aber näher zu erläutern, uns eine Möglichkeit, ihn zahlenmässig zu bemessen, zu geben, unterlässt aber Aereboe.

Er macht dann des weiteren noch Angaben zur Berechnung des Geldwertes in dieser Richtung, wobei er die Begriffe Wert und Preis verwechselt, denn er sagt etwa Folgendes: Der Geldwert der Kraftfuttermittel steigt vom Markt aus gerechnet immer mehr, je näher man den Grenzen der Verwendung des Kraftfutters überhaupt kommt. — Hier hätte es „Preis" heissen müssen. Denn der „Geldwert" der Kraftfutter-

entsprechend, das Moment der Entfernungen und der Transportkosten ganz ausnehmend berücksichtigt, an, dass: „der Landwirt von dem Geldwert des Kunstdüngers, berechnet nach den Bezugskosten vom Markte bis aufs Feld, die Transportkosten des Stalldüngers und die höheren Unterbringungskosten desselben in Abrechnung bringen muss, wenn er die Frage beantworten will, wie weit er die Stallmistproduktion mit Rücksicht auf die Möglichkeit des Kunstdüngerbezuges ausdehnen oder einschränken soll, welches Mass an Aufwand von Stalldünger er für die verschiedenen Früchte benutzen soll". Oder präziser . . . ., wenn er den Geldwert des Stalldüngers im Verhältnis zu dem des Kunstdüngers festellen will. An einer anderen Stelle drückt Aereboe die Sache genauer aus: „Rechnet man die Unterbringungskosten, nachdem beide (Düngersorten, Kunstdünger und Stallmist) aufs Feld gebracht und letzterer auch gebreitet, für Kunst- und Stalldünger gleich, so sind von dem Geldwerte der Nährstoffe im Kunstdünger daselbst, nach allen bisher für den Bezug gemachten Aufwendungen berechnet, die Transportkosten für den Stalldünger bis zum entferntesten noch mit Stallmist regelmässig gedüngten Felde abzuziehen, um den Geldwert der gleichen Menge von Nährstoffen im Stallmist frei Wirtschaftshof zu erhalten." Man kann aber die Transportkosten nicht berechnen, ohne den Geldwert eines Spannarbeitstages, diesen nicht, ohne den Geldwert von Dünger und Futtermitteln zu kennen. — Ich wollte hiermit zeigen, dass man sich bezüglich Aereboes Düngerbewertung der Bedenken nicht erwehren kann — auch andere Stellen könnte ich hier noch anführen; — doch zur Geldwertsberechnung der Futtermittel: Es ist bei diesen, wie erwähnt, der Düngerwert neben dem Futterwert zu berücksichtigen.

mittel für den Wirtschafter, der von ihrer Fähigkeit abhängt, tierische Produkte und damit auf dem Markte Geld, und ausserdem Dünger, und damit durch pflanzliche Produkte wieder Geld zu schaffen, dieser sinkt mit der Entfernung vom Markt, da durch die vermehrten Transportkosten die für den Markt erzeugten Produkte immer weniger Geld werben können. Ein Beispiel möge dies erläutern. Einem Gebirgsbewohner steigt der Preis der Kohlen mit der Entfernung vom Bergwerk und der Verschlechterung der Wege. Aber ihr Wert bleibt für seine Heizung derselbe, denn ein Centner davon vermag ihm nicht öfter die Stube zu erwärmen, ob er zehn, oder hundert Meilen transportiert ist[1]. — Noch manches Andere wäre in Aereboe's Futtermittelbewertung kritisch zu betrachten, so der Umstand, dass die Kohlehydrate bei ihm fast allein die Ungunst der wirtschaftlichen Lage zu tragen haben, die Nichtbewertung seines „Minimum", die Behauptung, dass der Geldwert der Kohlehydrate sowie des Eiweisses und Fettes vom Markt aus bis zu der Grenze stiege, wo der Kohlehydratbezug vom Markt für die Wirtschaft nicht mehr rentabel ist, und anderes. Alles aber tritt gegen etwas zurück, was für unser Urteil über Aereboe's Methode grundlegend und bindend ist.

Er sagt: „Zur Geldwertsbestimmung der selbsterzeugten voluminösen Rauhfuttermittel muss uns mithin bekannt sein, welche letzte, geringwertigste Qualität von Rauhfuttermitteln sich unter Zuhilfenahme von Kraftfutter noch eben ohne Schaden verfüttern lässt", etc. Aehnliches sagt Aereboe noch an anderen Stellen. Will ich aber wissen, „welche letzte geringwertigste Qualität von Rauhfuttermitteln sich unter Zuhilfenahme von Kraftfutter noch eben ohne Schaden verfüttern lässt", so muss ich die Rentabilität der Viehhaltung genau kennen. Denn je nachdem die Viehhaltung ihre Produktionsmittel teuer oder billig bezieht, ihre Produkte hoch oder niedrig verwertet, mehr oder weniger von ersteren braucht oder von letzteren erzeugt; je nachdem das eine oder andere hiervon zutrifft, kann ich eine bessere oder schlechtere Qualität Rauhfutter, kann ich mehr oder weniger Kraftfutter verwenden. Um also nach Aereboe den Geldwert

der selbsterzeugten Rauhfuttermittel[1]) zu bestimmen, muss ich
die genaue Rentabilität der Viehhaltung kennen, die ich nicht
ohne Kenntnis des Dünger, wie Futtermittelgeldwerts bestimmen
kann. —·
Eine Kritik dürfte hier unnötig sein.

Aus den verschiedenen Bedenken, die man gegen die Arbeit
Aereboe's erheben kann, ist der Schluss wohl berechtigt, dass
seine Methode nicht für den Landwirt brauchbar sein dürfte. —
Ehe wir jedoch unser Urteil über die verschiedenen Methoden der Geldwertsberechnung zusammenfassen, möchten wir
doch zunächst die Anforderungen, die nach unserer Ansicht an
eine gute Geldwertungsmethode der Futtermittel zu stellen sind,
genau präzisieren.

Es ist ein Unterschied bezüglich der Geldbewertung zu
machen, je nachdem diese zur Ermittelung von Entschädigungsansprüchen beim Futtermittelkauf, oder zur Rentabilitätsberechnung,
Buchführung, und Aehnlichem verwertet werden soll. Wie wir
schon in der vorhergehenden Kritik der Geldwertberechnungsmethode sahen, ist diese Unterscheidung der Geldwertsberechnung
je nach den Zielen, welche sie verfolgt, häufig nicht gemacht
worden. Und doch ist sie von hervorragender Wichtigkeit, ja
es ist ohne sie eine den berechtigten Ansprüchen möglichst entsprechende Geldbewertung der Futtermittel gar nicht möglich.
So ist nur zum Beispiel darauf hinzuweisen, was oben[2]) über die
Anwendbarkeit der Methode der Kasseler Kommission gesagt
wurde. Obwohl diese in erster Linie für die Frage der Ent-
schädigungsberechnung bestimmt war, und auch, wie gezeigt,
nur hier Berechtigung hatte, sind trotzdem vielfach Versuche gemacht worden, so noch neuerdings in der „Landwirtschaftlichen
Presse"[3]), aber auch von anderen Autoren, ihre Zahlen zu Rentabilitätsberechnungen und Aehnlichem zu verwenden. Und doch
erfahren wir mit Hilfe der direkt aus den Marktpreisen abgeleiteten Zahlen nur, welchen Geldwert man augenblicklich im
grossen Durchschnitt dem betreffenden Futtermittel auf dem
Markte beilegt, nicht, welchen Wert es für die Tierernährung that-

---

1) Es dürften nach weiteren Angaben Aereboes hier alle „marktlosen" Futtermittel anzunehmen sein.
2) Vergl. Seite 108 dieser Arbeit
3) Vergl. die Handelsbeilagen der neueren Nummern der betreffenden Zeitung.

sächlich besitzt, geschweige denn, welchen Wert es für die Fütterung des Viehes einer einzelnen, bestimmten Wirtschaft hat.

Die Geldbewertung zum Zwecke der Rentabilitätsberechnung soll im Gegenteil zu der vorbehandelten Art möglichst individuell und den Verhältnissen der einzelnen Wirtschaft angepasst berechnet werden. Nicht angängig sind umfassende, allgemeingültige Berechnungen, wie sie für die Geldbewertung zum Zwecke der Entschädigung bei Futtermittelkäufen direkt notwendig sind. Denn bei letzteren tritt ausser dem Landwirt auch der Händler auf, der ein festes Mass für seine Entschädigungspflichten verlangen muss, und nicht individuell den einen Landwirt mit dieser, den anderen mit jener Summe entschädigen kann. Dazu kommt die Unmöglichkeit, eine derartige individuelle Entschädigung jedesmal besonders zu berechnen, und manches Andere. — Aus diesen kurzen Bemerkungen dürfte sich die Bedeutung einer Unterscheidung der zwei Geldwertsberechnungsarten ergeben. Doch ich kehre zur Sache zurück.

Die Geldbewertung zum Zwecke von Entschädigungen soll uns angeben, wie viel Geld der geschädigte Käufer erhalten muss, um die fehlenden Nährstoffe sich im Durchschnitte der Futtermittel des Markts wieder verschaffen zu können, ferner, wie hoch bei eventuellen Kompensationen die Nährstoffe gegenseitig zu rechnen sind.

Die Geldbewertung zum Zwecke von Rentabilitätsberechnungen und doppelter Buchführung soll

1) dem Landwirt die Möglichkeit geben, die marktpreisbesitzenden Futtermittel auf die Höhe dieses Preises zu prüfen, und einen eventuell angemessenen oder zu hohen Geldwert bei Verwendung für die eigene Wirtschaft feststellen.

2) dem Landwirt ein Urteil darüber ermöglichen, ob innerhalb gewisser Grenzen stickstoffreiche oder stickstoffarme Futtermittel zu verwenden sind;

3) dem Landwirt ermitteln helfen, ob er vorteilhafter Kraftfutter oder Kunstdünger verwendet;

4) dem Landwirt Auskunft geben, zu welchem Geldwert er die sogenannten „marktlosen" Futtermittel für seine Wirtschaft anzusetzen hat.

Legen wir diesen Massstab an, so müssen wir zu dem Resultat kommen, dass von all den behandelten Versuchen wenige den Anforderungen bezüglich der Ermittelung von Entschädigungsansprüchen, und auch dies nur mangelhaft, keine aber den Anforderungen an eine Geldwertsberechnung zum Zweck der Rentabilitätsberechnung und doppelten Buchführung entsprochen hat.

XII. Versuch einer neuen Methode der Geldwertsberechnung der Futtermittel.

Die Ermittelung der Entschädigungsansprüche, sowie die von den landwirtschaftlichen Versuchsstationen dabei geübten Gebräuche, die Verhandlungen darüber, alle diese Angelegenheiten scheinen noch zu sehr im Flusse zu sein, als dass es möglich wäre, ein sicheres Urteil über den Wert oder Unwert einzelner Vorschläge und Gebräuche zu fällen. Wir begnügen uns daher, unsere eigene Ansicht über die in dieser Beziehung zu beachtenden Thatsachen hier nieder zu legen, und verweisen sonst auf die bezügliche Litteratur [1].

Die Geldbewertung der Futtermittel, oder besser der einzelnen Nährstoffe, zum Zwecke der Entschädigung im Futtermittelhandel dürfte nach folgenden Prinzipien auszuführen sein. Die Berechnung geschieht nach der Methode der kleinsten Quadrate auf verdauliche Nährstoffe, also nach den Angaben von W. Henneberg in seiner schon besprochenen Schrift [2]. Zur Berechnung sind zu verwenden: Möglichst viel Preisermittelungen aller im Handel vorkommenden (also als „Futtermittel" gehandelten) [3] Kraftfuttermittel, ohne Berücksichtigung von Affektionswerten.

Doch ist bei der Benutzung der Marktpreise möglichst proportional der Bedeutung der Märkte für den Bezug durch Klein-

---

1) Vergl. besonders: Nobbe, Die landw. Versuchstationen, besonders Bd. XXXIX, XL., XLII, XLV, L. u. a. m.

2) Später hat sich Henneberg, wie erwähnt, allerdings den Beschlüssen der Kasseler Kommission angeschlossen, die auf Benutzung von Rohnährstoffen lauteten.

3) Also nicht z. B. als Düngemittel gehandelter Rizinuskuchen.

händler oder Konsumenten zu verfahren. Ebenso wäre die Benutzung der einzelnen Futtermittel entsprechend den auf jedem Markt in Deutschland gekauften Mengen derselben zu empfehlen. Proteïn und Fett ist nicht miteinander ohne weiteres zu kompensieren, sondern nur innerhalb sehr enger Grenzen entsprechend den berechneten Marktpreisen der Nährstoffe für einander einzusetzen. Das Gleiche gilt für Kohlehydrate. Die Kompensation sollte keinenfalls eine wesentliche Aenderung in den in einem Futtermittel gelieferten Nährstoffen gegenüber den verlangten und garantierten eintreten lassen können, ohne dass dafür Entschädigung gezahlt wird. Die Gründe hierfür sind die folgenden.

1. Die Methode der kleinsten Quadrate ist noch immer als diejenige anzusehen, die uns die genaueste Auskunft über die mittleren Preise giebt, welche der Markt für die einzelnen Nährstoffe zahlt.

2. Verdauliche Nährstoffe sind anzuwenden, da nur sie das eigentlich vom Landwirt Gewünschte sind, auch die Methoden zur Bestimmung der Verdaulichkeit, sowie sonstige Angaben, mit der Zeit ausreichend genau werden würden. Die Händler dürften zwar noch den früheren Widerstand gegen eine Garantie der verdaulichen Nährstoffe leisten, doch wäre auch dieser zu überwinden. Vorläufig wäre vielleicht eine Behandlung der Frage im Sinne eines älteren Vorschlags zweckmässig. Dieser wurde gelegentlich der Verhandlungen der Kasseler Kommission erwähnt, doch glaubte man auf seine Benutzung verzichten zu müssen[1] Ich meine die Vereinbarung von Verdauungskoefficienten für die betreffenden Nährstoffe. Ganz gewiss würden sie uns zunächst die so wünschenswerten Grundlagen geben können, und die Wissenschaft würde Gelegenheit nehmen, sie zu verbessern und genauer zu gestalten, bis sie endlich vollständig genügende und brauchbare Methoden der Verdaulichkeitsbestimmung selbst findet. Eine Benutzung solcher Kompromisszahlen würde um so weniger zu verwerfen sein, als der rechnende Landwirt sich beim Bezug der Futtermittel nach Rohnährstoffgarantieen doch gezwungen sieht, auf die Durchschnittszahlen der Futtermitteltabellen bezüglich der Verdaulichkeit zurückzugreifen. Denn er kann nach den neueren Forderungen der Tierernährungslehre seine Futterberech-

---

1) Vergl.: W. Henneberg, Ueber Wertschätzuug der Futterstoff.

nungen doch nur mit verdaulichen Nährstoffen anstellen, muss also gebotene Garantieen für Rohnährstoffe, gezahlte Entschädigungen für Rohnährstoffe, auf verdauliche Nährstoffe umrechnen. Wichtig ist die Benutzung der Verdaulichkeitszahlen auch, weil zum Beispiel bei Rückständen der Oelfabrikation je nach Art des Ausbeutungsverfahrens ziemlich bedeutende Schwankungen in der Verdaulichkeit eintreten. Es wären also nach Art der Verarbeitung der Oelsämereien, soweit diese zu ermitteln, vielleicht auch die vereinbarten Veränderungskoefficienten verschieden zu wählen. Sollten aber die technischen Schwierigkeiten für die Einführung der Rechnung mit verdaulichen Nährstoffen derzeit noch zu gross sein, so ist diese doch als das zu Erstrebende zu erachten.

Gegen eine Ausscheidung von Handels-Kraftfuttermitteln ihrer Affektionswerte muss man sich wenden, weil diese Affektionswerte und ihre Grösse, ferner auch ihre Berechtigung nicht mit Sicherheit zu ermitteln sind. Man kann wohl sagen, dass jeder Landwirt für ein oder das andere Futtermittel eine Affektion hat. Wollte man nun alle Futtermittel, bei denen etwas Aehnliches zu bemerken ist, ausscheiden, so würde die Ermittelung manche sehr bedeutsamen Futtermittel gar nicht berücksichtigen. Wollte man, wie es vielfach vorgeschlagen ist, nur die Futtermittel mit grossen Affektionswerten ausscheiden, so wäre eine Grenze herzustellen, die nur der Willkür ihre Entstehung verdanken könnte; und auch dann würden wichtige Futtermittel unbeachtet bleiben. Nimmt man dagegen alle, so ist möglich, ja wahrscheinlich, dass sich positive und negative Affektion im Durchschnittsresultat annähernd ausgleichen.

Der Vorschlag, die Benutzung der Futtermittelpreise entsprechend den Mengen der umgesetzten Futtermittel vorzunehmen, soll verhüten, dass zur Berechnung der auf dem Markt im Durchschnitt gezahlten Nährstoffpreise nicht etwa 200 Centner gekaufter Mohnkuchen den gleichen Einfluss ausüben kann wie 20000 Centner Baumwollsaatmehl. Es erscheint um so wichtiger, hierauf Rücksicht zu nehmen, als gerade durch die selten und in geringen Mengen gekauften und daher oft bedeutende Preisdifferenzen zeigenden Futtermittel die unvermeidliche Ungenauigkeit der Rechnung stark vergrössert wird, wenn man nicht durch Berücksichtigung der von den einzelnen Futtermitteln gekauften

Gewichtsmengen die vorkommenden Preisschwankungen nur proportional ihrer thatsächlichen Bedeutung für den Gesamtdurchschnittspreis berücksichtigt. Weniger von Bedeutung ist unser zweiter Wunsch. Wenn wir vorschlagen, bei Benutzung der Marktpreise möglichst entsprechend der Bedeutung der Märkte für den Bezug durch Kleinhändler und Konsumenten zu verfahren, so erklärt sich dies teilweise ja schon aus dem vorhergehenden Verlangen bezüglich der Mengen der gekauften Produkte. Denn ein Marktpreis, der für 100 Käufer von 200 Centnern gilt, ist natürlich zweimal so bedeutungsvoll wie ein Marktpreis, der nur für 50 Käufer von 200 Centnern Wichtigkeit hat. Dann spricht aber auch die Zahl der Käufer, wenn auch, wie schon oben gesagt, nur in geringerem Masse mit. Denn es scheint mir unzweifelhaft, dass ein Marktpreis für mittlere deutsche Verhältnisse mehr Bedeutung hat, wenn zehn Landwirte an dem Kauf von 1000 Centnern teilhaben, als wenn es nur zwei thun. Wie aber gesagt wurde, ist dieser Punkt nebensächlich, und um ihm gerecht zu werden, genügt es vielleicht schon, was auch aus anderen Gründen verlangt werden muss, dass die Grosshändler unberücksichtigt bleiben. Denn diese geniessen meist Preise, die dem Landwirt nicht gewährt werden, und diktieren zweitens auf kleineren Märkten selbst wieder die Preise.

Eine Kompensation ist im allgemeinen deshalb nur im beschränktesten Masse zu empfehlen, weil der nach wissenschaftlichen Prinzipien die Fütterung seines Viehes berechnende Landwirt in der Regel aus ganz bestimmten Gründen das betreffende Futtermittel mit seinem garantierten Inhalt genommen haben wird und er dann verlangen muss, das zu erhalten, was er kaufen will, beziehungsweise sich das Fehlende nachträglich mit der Entschädigungssumme verschaffen zu können.

Wir wenden uns nun der Betrachtung der Geldwertsberechnung zu, die den vom Landwirt anzustellenden Rentabilitätsberechnungen, der doppelten Buchführung, und so weiter, dienen soll.

Es ist hier zwischen Futter- und Düngerwert zu unterscheiden.

Für die Berechnung des Futterwertes hat man zunächst das Nährstoffwertsverhältnis zu ermitteln. Dieses ist nach den physiologischen Untersuchungen Rubners:

Eiweiss: Fett: stickstofffreie Extraktstoffe wie 1 : 2,3 : 1 [1]), was Alles für verdauliche Nährstoffe gilt.

Dies Wertsverhältnis ist, — bis ein besseres an seine Stelle tritt [2]), für alle Leistungen des Futters im Tierkörper unverändert beizubehalten.

Die Berechtigung zu der Annahme eines festen, unveränderlichen Wertverhältnisses der Nährstoffe, das zur Geldwertsberechnung der Futtermittel für Rentabilitätsrechnungen, Bewertung marktloser Produkte und dergleichen dienen soll, im Gegensatz zu einer grossen Zahl von landwirtschaftlichen Schriftstellern, soll in folgenden Ausführungen nachgewiesen werden. Und wenn einst die Rubner'schen Werte durch genauere, für Wiederkäuer und andere landwirtschaftliche Nutztiere berechnete Wertszahlen abgelöst sein werden, auch dann wird das ermittelte Wertsverhältnis der Nährstoffe ein festes sein. Dies folgt aus nachfolgenden Auseinandersetzungen:

Durch die verdaulichen, also aufgenommenen Nährstoffe wird dem Tierkörper eine gewisse Menge Energie zugeführt, als deren Massstab man die kalorischen Werte der einzelnen Verbindungen benutzt hat. Stets enthält nun ein Kilogramm einer bestimmten Fettsorte ebensoviel Kalorieen wie ein anderes Kilogramm derselben Sorte. Dasselbe ist bei Protein und stickstofffreien Extraktstoffen, bei allen anderen Nährstoffen der Fall.

Wird nun von einem Tier eine bestimmte Menge Fett, Protein oder Stärke verdaut und so aufgenommen, so führt sie dem Körper desselben genau so viel Energie zu, wie der Körper eines anderen Tieres erhält, der die gleiche Menge von Nährstoffen durch die Verdauung in sich aufgenommen hat. Denn in diesen gleichen Mengen aufgenommener Nährstoffe war die gleiche Energie enthalten.

Weder durch Beifutter, noch durch die Individualität oder das Alter des Tieres, noch durch die mechanische Beschaffenheit des Futters kann das Wertsverhältnis der resorbierten Nährstoffe zu einander beeinflusst werden. Diese Nebenumstände sind zwar vielfach auch von grösster Wichtigkeit, aber sie beeinflussen nur die Verdaulichkeit des gereichten Gesamtfutters oder eines Teiles

---

1) Vergl. Rubners Arbeiten in der Zeitschrift für Biologie, besonders Bd. XIX und XXI·

2) Vergl. Seite 137 dieser Arbeit.

desselben, oder aber[1]) sie veranlassen eine grössere Verdauungsarbeit und drücken so den Wert sämtlicher durch die Verdauung
in den Körper übergehenden Nährstoffe durch grössere Energie-
abgabe herunter, etc. Das Wertverhältnis der Nährstoffe unter
einander, das sich auf den Gehalt der einzelnen verdaulichen
Nährstoffe[2]) an in den Körper übergehender Energie begründet,
bleibt dadurch unberührt.

Es entsteht nun zunächst die Frage, ob überhaupt die Berechtigung physiologischer Werte vorhanden ist.

Gegen die Benutzung physiologischer Werte hat sich wohl
am genauesten und entschiedensten W. Henneberg ausgesprochen[3]).
Er sagt: „Ausser Produktion von Fett, Wärme, Arbeitskraft gehört nun aber auch Produktion von Muskelsubstanz und von
anderen stickstoffhaltigen Körperbestandteilen zu den Leistungen
des Organismus, und dafür können weder die Fettsubstanzen
noch die Kohlehydrate, sondern einzig und allein die Proteïnsubstanzen aufkommen. In dieser Hinsicht ist also der physiologische
Wert der Fettsubstanzen und Kohlehydrate gleich Null, oder der
physiologische Wert der Proteïnsubstanzen zu Kohlehydraten
und Fett unendlich gross, ein Wertverhältnis, mit dem natürlich
für unsere Zwecke nichts anzufangen ist. Man hat nun die
Schwierigkeit, welche hiermit der Lösung unserer Aufgabe ent-
gegentritt, zu umgehen gesucht, indem man sich durch einen
Gedankengang leiten liess, der, wenn ich recht verstehe, etwa
folgendermassen widergegeben werden kann.

In den Futterstoffen, um deren Wertschätzung es sich
handelt, fehlt es an fleischbildungsfähigem Material, an Proteïnsubstanzen in Wirklichkeit niemals völlig. Es ist also schon
durch jeden einzelnen Futterstoff, und ausreichender noch für
gewöhnlich durch das Futter im Ganzen, stets mehr oder weniger
dafür gesorgt, dass die Muskelsubstanz und die sonstigen stickstoffhaltigen Bestandteile des Körpers sich auf ihrem Bestande
erhalten können, dass das Tier nicht infolge Nichtersatzes der

---

1) Dies ist bei den Rauhfutterstoffen z. B. der Fall. Vergl. hierüber auch
noch der Seite 151 dieser Arbeit.

2) Ueber die besondere Bewertung einzelner Nährstoffarten siehe meine späteren
Angaben, so besonders Seite 152 dieser Arbeit.

3) Vergl.: W. Henneberg, Die Wertschätzung der Futterstoffe. Journal für
Landwirtschaft 1883.

Verluste an stickstoffhaltigen Stoffen, welche der Stoffwechsel mit sich bringt, (am Proteïnhungertode), zu Grunde geht. Sobald aber diese für die Fortdauer des Lebens notwendige Bedingung erfüllt ist, ist natürlich auch die Bedingung erfüllt, von der es abhängt, dass die stickstofffreien Nährstoffe fortdauernd funktionieren können, und zwar nicht blos als Fett, Wärme und Kraftproduzenten, sondern auch nach der Richtung hin, dass sie den Proteïnsubstanzen in deren Eigenschaft als Fleischbildner zu Hilfe kommen. Es wird nämlich die Fleischbildung wesentlich gefördert, wenn stickstofffreie Nährstoffe die Proteïnstoffe begleiten. — In Wirklichkeit kommt es somit wegen des niemals fehlenden Proteïngehalts der Futterstoffe, niemals vor, dass der physiologische Wert der stickstofffreien Nährstoffe gleich 0 und der der Proteïnstoffe unendlich gross wird. Ein nicht unendlich grosser Wert ist aber ein endlicher, angebbarer Wert, und die in Rede stehende Schwierigkeit ist gehoben, sobald es gelingt, denselben wirklich anzugeben. Jedenfalls wird er grösser sein müssen, als der Wert, der dem Proteïn nach seiner Leistungsfähigkeit für Fett, Wärme und Kraftproduktion beizulegen ist, das heisst grösser als 1,25, auf den Wert der Kohlehydrate gleich 1 bezogen". — Henneberg bespricht die physiologischen Wertbestimmungen an der Hand von Kühn's Methode nun noch weiter und kommt zu einem abfälligen Urteil über sie. — Bis zu dem Satz, in welchem Henneberg sagt, die Schwierigkeit sei gehoben, wenn man den Wert der Proteïnstoffe wirklich angeben könnte, kann man Hennebergs Ausführung Wort für Wort zustimmen. Dann aber müsste man in der Deduktion weiter so fortfahren:

Der Wert der Proteïnstoffe im Verhältnis zu den stickstofffreien Nährstoffen ist somit in Wirklichkeit als ein endlicher anzusehen. Um diesen Wert näher zu bestimmen, brauchen wir nur an ein anderes Beispiel, an die Bedeutung der Mineralstoffe bei der Ernährung zu denken.

Unstreitig haben die in den Futtermitteln ausser den reinen Nährstoffen enthaltenen Stoffe, die wir teils als Mineralstoffe, teils als organische „Füllstoffe" bezeichnen können, eine ausserordentliche Bedeutung für die Tierernährung. Denn Versuche haben ergeben, dass ein mineralstoff- oder salzfreies Futter auf die Dauer den Tod der betreffenden Tiere infolge ungenügender

Ernährung veranlasst[1]). dass weiter der Verdauungskanal der Tiere auf die Dauer nur reine Nährstoffe zu verarbeiten absolut ausser Stande ist. Es würde, wollte man ein Tier längere Zeit nur mit reinen Nährstoffen, soviel es zur Erhaltung sonst braucht, füttern, schliesslich zu Grunde gehen. Zur Füllung des Darmkanals, damit zur angemessenen Ausnutzung des Futters, kurz, überhaupt um eine regelmässige Verdauung und damit die Bedingung zum Weiterleben zu ermöglichen, sind die Füllstoffe unbedingt nötig, zur Ernährung überhaupt ebenso die Mineralstoffe. Fehlen die Minerallstoffe zum Beispiel, so lässt sich mit den übrigen Nährstoffen ebenso wenig ein Tier ausreichend ernähren, als wenn ihm keine stickstoffhaltigen Stoffe gereicht werden. In dieser Hinsicht wäre also den Mineralstoffen, — bei ihnen wollen wir in unserem Beispiel stehen bleiben, -- den übrigen Nährstoffen gegenüber ebensogut ein unendlicher Wert beizumessen, wie den stickstoffhaltigen Stoffen.

Geschieht dies aber in der That? Nein, man misst ihnen bezüglich dieser lebensbedingenden Funktion gar keinen Wert bei, da sie ziemlich in jeder Futterration in genügender Menge zu finden sind. Einen Wert erkennt man ihnen nur dann zu, wenn sie sonst noch für die Ernährung günstige Funktionen zeigen, wie zum Beispiel das Kochsalz in kleinen Gaben, das man ja auch daher kauft.

Analog können wir nun folgern. Man hat dem Proteïn wegen seiner speziellen, lebensbedingenden Wirkung dann keinen Sonderwert beizumessen, wenn es in ausreichender Menge hierzu sich in den Futterrationen findet. Ist dies der Fall, so ist sein Wert nur nach seinen sonst für die Ernährung günstigen Funktionen, die sich in den isodynamen Werten Rubners ausdrücken, und eventuell nach spezifisch für gewisse Produktionszweige günstigen Wirkungen zu berechnen.

Wolff und andere Autoren haben nun festgestellt, dass bei Erhaltungsfütterung (von Ochsen) das Verhältnis der stickstoffhaltigen zu den stickstofffreien Nährstoffen mindestens wie 1 : 12[2]) sein muss. Daraus folgern wir:

---

1) Vergl.: E. Wolff, Fütterungslehre, 6. Aufl.

2) Wolff schied die Amidsubstanzen allerdings noch nicht aus dem verdaulichen Eiweiss aus, sodass man heut vielleicht ein noch weiteres Verhältnis annehmen könnte. Doch wollen wir vorläufig die Zahl stehen lassen.

In einem Futter, das sicher wenigstens 1 Teil stickstoffhaltige Stoffe auf 12 Teile stickstofffreie Stoffe enthält, kann man, wenn diese Bedingung erfüllt ist und bleibt, die sonst, ausser dem $^1/_{12}$ Proteïn, noch zur Ernährung nötigen Nährstoffe entsprechend den Rubnerschen Wertszahlen beliebig für einander eintreten lassen, ganz wie es das pekuniäre Interesse wünscht. Wir werden, welche Mengen Proteïn oder stickstofffreie Stoffe wir sonst auch verwenden[1]), unter Beibehaltung des oben bezeichneten Minimalsatzes stets unser Vieh erhalten können. Vorausgesetzt ist natürlich, dass ein der Menge nach genügendes Futter gegeben wird. Hat man also nur die Erhaltung des Viehes im Auge, so kann man die Rubnerschen Werte zur Bewertung sowohl, wie auch zur gegenseitigen Ersetzung der Nährstoffe benutzen, wenn wenigstens $^1/_{12}$ der Gesamtration verdauliches Proteïn ist. Da dies aber wohl in allen Fütterungslehrbüchern dem praktischen Landwirt für Erhaltungsfutter so wie so vorgeschrieben wird, so kann man sagen:

Bei Erhaltungsfutter kann der Landwirt (um es noch einmal zu wiederholen, wenn mindestens $^1/_{12}$ der Ration verdauliches Proteïn ist) zur Geldwertsberechnung die Rubnerschen Werte benutzen.

Aehnlich gestaltet sich die Sache bei Produktionsfutter. Hier spielt ja die Individualität der Tiere eine grosse Rolle, und es sind auch noch viele andere Momente massgebend. Wir glauben jedoch sagen zu dürfen, dass für Produktionsfutter ein Verhältnis der stickstofthaltigen zu den stickstofffreien Stoffen wie 1 : 7 [2]) schon als ein ziemlich weites zu betrachten ist, dass bei einem solchen aber im Durchschnitt eine mittlere Produktion möglich ist, und sagen daher:

Bei einem Produktionsfutter, das mindestens $^1/_{7,5}$ der verdaulichen Nährstoffe in Form von Eiweiss enthält, kann man die

---

1) Es wäre noch zu bemerken, dass eine ausschliessliche Verwendung von Proteïn natürlich nicht angängig wäre, ebenso nicht ausschliessliche Verwendung von Fett. Doch kommen diese Fälle für die Praxis nicht in Betracht. Sonst würde sich dem Einwurf mit geringer Mühe durch Aufstellung gewisser Maximalgrenzen abhelfen lassen.

2) Wolff giebt es für Arbeitspferde an. Doch hat er auch hier die Amide nicht berücksichtigt. Daher glauben wir das Verhältnis nachher mindestens wie 1 : 7,5 wählen zu dürfen, was auch Kühn im allgemeinen für zulässig hält.

ausser diesem Bruchteil noch zur Ernährung nötigen Nährstoffe entsprechend den Rubnerschen isodynamen Werten miteinander vertauschen und ihre Geldwerte nach den erwähnten Angaben berechnen, ohne deshalb eine mittlere Produktion zu vereiteln. Zu dieser Begründung und Ausführung über die Benutzung der Rubnerschen Werte ist noch folgendes hinzuzufügen.

Wir messen den Werten Rubners, sowie unseren darauf gestützten Berechnungen noch keine absolute Richtigkeit für die Tierernährungslehre bei, soweit es sich um die zu einem wirtschaftlichen Zwecke stattfindende Ernährung von landwirtschaftlichen Nutztieren handelt. Die Werte Rubners sind bekanntlich nicht an Widerkäuern gefunden worden, überhaupt vorzugsweise an Tieren, die dem Verlaufe ihrer Verdauung nach sich ziemlich weit von den landwirtschaftlichen Nutztieren entfernen. Bei letzteren wird nach den letzten Untersuchungen Gustav Kühn's in Möckern durch die Sumpfgasgährung im Darmkanal, der auch die übrigen stickstofffreien Nährstoffe, nicht nur die Rohfaser, unterliegen, eine vielleicht erheblich geringere Bewertung der stickstofffreien Extraktstoffe eintreten müssen, als ihrem isodynamen Wert entspricht. Leider ist Genaueres zur Zeit über die isodynamen Werte der Nährstoffe bei Widerkäuern, beziehungsweise über Abzüge, die man wegen mancher nicht zur Ernährung beitragenden Umsätze machen muss, noch nicht bekannt, sodass ein Aushilfsmittel angewendet werden muss, um die als richtig erkannte Berechnung nach physiologischen Werten mit dem nicht ausreichenden Material wenigstens annähernd richtig ermöglichen zu können. Die Zeit wird uns hier genauere Grundlagen geben[1]).

Mag unsere Methode hier also der nötigen Genauigkeit noch entbehren und angreifbar erscheinen, so glauben wir doch, dass der Irrtum nicht zu weit geht. Sonst ist auch durch die von uns verlangten Voraussetzungen, dass bei Erhaltungsfutter mindestens $1/_{12}$, bei Produktionsfutter mindestens $1/_{7,5}$ der verdaulichen Nährstoffe der Ration aus Proteïn bestehen müssen, eine absolute Sicherheit dagegen gegeben, dass unsere Zahlen bei Rentabilitätsermittelung oder Buchführung den Landwirt zu weit von dem anerkannten Wege der Fütterungslehre abführen.

---

1) So werden hoffentlich die Untersuchungen Kellners hier mehr Licht schaffen.

Auch wollen wir nicht etwa alle über 1:7,5 hinausgehenden Verhältnisse bekämpfen. Nichts liegt uns ferner. Der Landwirt soll nur an der Hand unserer Zahlen prüfen, welche Fütterung für seine Nutztiere zunächst die billigste ist. Glaubt er aus irgend welchen Gründen, zum Beispiel im Anschluss an eine von nahmhaften Fachgelehrten gegebene Norm, über diese ermittelte Futtermischung hinausgehen zu müssen[1]), glaubt er ein teures Futtermittel seiner spezifischen Wirkungen wegen anwenden zu sollen, so soll er es thun. Nur soll ihn die Berechnung mit unsern Zahlen immer wieder daran erinnern, dass solche Ausnahmen nur dann zu machen sind, wenn die sichere Aussicht (die einem ja die Angabe einer Autorität, die die Erfahrung geben kann) vorhanden ist, dass sie sich bezahlt machen werden, dass solche Ausnahmen nur beizubehalten sind, wenn sie der nach meiner Angabe billigsten Futtermischung gegenüber wegen ihrer grösseren Produktivität doch als die billigeren anzuerkennen sind.

Wir glauben so auch trotz der jüngst von Kellner veröffentlichten Untersuchungen[2]), nach denen „die von Rubner für die Bestandteile der gemischten Kost des Menschen angegebenen Zahlen (für je 1 g Eiweiss 4,1, Kohlehydrate 4,1 und Fett 9,3 Cal.) keine Gültigkeit für die Verhältnisse beim Widerkäuer besitzen, und Berechnungen von Fütterungsnormen auf der Grundlage dieser Zahlen ganz falsche Ergebnisse liefern müssen", unsere Berechnungsart aufrecht erhalten zu können, wenigstens so lange, bis die, wie gezeigt, unzulänglichen Zahlen Rubners durch andere ersetzt werden können. Die Rubnerschen Zahlen in unserer Rechnung werden natürlich durch solche zu ersetzen sein, die für die Zwecke der landwirtschaftlichen Tierernährung mehr Berechtigung haben, — sobald uns solche zu Gebote stehen; was bis jetzt leider nicht der Fall ist[3]).

---

1) Wegen des nachher zu behandelnden Düngerwertes dürfte nach meiner Methode viel eher stickstoffstark als stickstoffschwach gefüttert werden.

2) Kellner, Untersuchungen über den Nahrungs- und Energiebedarf etc. in Nobbe, Die landwirtschaftlichen Versuchsstationen, Band L., Heft 3 und 4, ist zu vergleichen.

3) Die Befürchtung endlich, ich sprach hierüber schon in einer Anmerkung — dass durch unsere Berechnung die Landwirte vielleicht veranlasst werden könnten, zu grosse Proteinmengen, zu viel Fett, oder gar zu wenig bis kein Fett, beziehungsweise zu wenig oder gar keine Kohlehydrate zu füttern, dürfte unberechtigt sein; denn

Doch hoffen wir, dass trotz solcher Mängel der Ausführung, wie es die vorerwähnten zum Teil sind, die unserer Methode zu Grunde liegende Idee ihre Berechtigung behalten wird, die schon von anderen Autoren, und nun von uns wieder benutzte Idee, eine Geldbewertung der Futtermittel auf den thatsächlichen Wert der einzelnen Nährstoffe für die durchschnittliche Ernährung der landwirtschaftlichen Nutztiere, auf physiologische Prinzipien, zu begründen.

Wir waren somit zu der Annahme des Wertsverhältnisses 1.0 : 2,3 : 1,0 gelangt[1]). Die von uns ebenfalls zu berücksichtigenden spezifischen Werte, so Wohlgeschmack, Bekömmlichkeit, Wert für sehr junge oder kranke Tiere, Einfluss auf Milcherzeugung, Fettgehalt der Milch, und dergleichen mehr, können derzeit noch nicht zahlenmässig ausgedrückt werden. Es empfiehlt sich daher, bei jedem Futtermittel eventuell auf einen solchen in einer Anmerkung hinzuweisen, wie wir es auch in den beigegebenen Tabellen gethan haben. Wie weit sie zu berücksichtigen sind, und welche Bedeutung sie für jede Wirtschaft haben, darüber muss der Landwirt bis jetzt wenigstens selbst urteilen, ebenso über eine eventuell dadurch eintretende Vermehrung oder Verminderung des Geldwertes, oder der Rentabilität überhaupt. Doch dürfte hier grosse Vorsicht zu empfehlen sein, da bei sachgemässer Fütterung und tadellosen Futtermitteln der spezifische Wert eine so grosse Rolle kaum spielen dürfte.

Ehe wir uns jedoch mit der Ermittelung des Futtergeldwertes weiter beschäftigen, müssen wir auf die Bestimmung des Düngergeldwertes eingehen.

Wie schon erwähnt sind bei der Geldwertsberechnung der Futtermittel auch die Werte der in ihnen enthaltenen Pflanzen-

---

erstlich wollen wir absolut nicht die bisher benutzten Fütterungsnormen unberücksichtigt gelassen sehen, wie schon erwähnt wurde. Dann ist wohl für jeden Kenner der landwirtschaftlich benutzten Futterartikel klar, dass weder eine gesundheitsschädliche Anhäufung des Proteïns oder Fettes je in landwirtschaftlichen Futterrationen eintreten dürfte, noch dass die Kohlehydrate, was diesem entspricht, zu wenig berücksichtigt würden. Auch zu geringe Fettgaben dürften mit Ausnahme ganz abnormer Verhältnisse weder eintreten, noch auch nur zu befürchten sein.

1) Unter Voraussetzung, dass bei Erhaltungsfutter mindestens $^1/_{12}$, bei Produktionsfutter $^1/_{7,5}$ der gesamten verdaulichen Nährstoffe aus Proteïn besteht. — Die von Erhaltungs- zu Produktionsfutter sich ergebenden Uebergänge sind natürlich durch entsprechend steigende Proteïnminima zu berücksichtigen.

nährstoffe zu berücksichtigen. Denn es können die im Kraftfutter der Wirtschaft zugeführten Mengen davon recht bedeutend sein, auch ist nur dann eine Beantwortung der Frage: „Kraftfutter oder Kunstdünger?" für jeden speziellen Fall durch den Landwirt selbst möglich, wenn man ihm in den Geldwertstabellen die Mittel dazu an die Hand giebt. Die Schwierigkeiten, die bei der Geldbewertung dieser Pflanzennährstoffe sich ergeben, sind allerdings nicht gering, doch ist deshalb der Versuch nicht aufzugeben; unstreitig wird man auch hier mit der Zeit zu einem sicheren Ziele kommen.

Für unsere Geldbewertung der in den Futtermitteln enthaltenen Pflanzennährstoffe glauben wir folgendermassen am besten zu verfahren:

Zu bewerten sind Stickstoff, Kali, Phosphorsäure und organische Substanz.

Die Stickstoffbewertung dürfte von hervorragender Bedeutung sein, sie ist also der Betrachtung voranzustellen.

Wir wollen dabei eine Unterscheidung zwischen dem in unverdaulichen und dem in verdaulichen stickstoffhaltigen Substanzen befindlichen Stickstoff unterlassen. Es würde eine solche gewiss von Berechtigung sein, vielleicht sogar hohen Wert beanspruchen; aber die Grundlagen für eine auf diesen Verhältnissen zu begründende Rechnung fehlen noch fast gänzlich.

Wir haben uns daher entschlossen mit Gesamtstallmiststickstoff zu rechnen. Ganz leicht ist nun eine Zahl hier nicht zu finden, da noch nicht viel verlässliche Untersuchungen vorliegen.

Von Bedeutung und zu berücksichtigen ist für den vorliegenden Fall die neueste diesen Punkt behandelnde Arbeit von Th. Pfeiffer [1]), der als Wert des Stallmiststickstoffs unter gewissen Umständen, die er selbst als hervorragend günstige bezeichnet, 90% des Wertes des Salpeterstickstoffs findet. In dieser Zahl sieht er zwar noch nichts definitives, sie wird nach weiteren Forschungsresultaten zu modifizieren sein; doch müssen wir sie, wie sie sich bisher ergeben hat, ohne auf die weiteren Forschungen warten zu können, benutzen.

Da in der fraglichen Abhandlung auch die übrigen, neuerdings auf dem Gebiet der Stalldüngerstickstoff-Wertschätzung

---

1) Vergl.: Th. Pfeiffer, Die Wirkung des organischen Stickstoffes, speziell des Stallmiststickstoffes, bei der Düngung in Heft 51 der Landw. Versuchsstat.

geltend gemachten Ansichten berücksichtigt sind, so glauben wir
der obigen Zahl eine ziemliche Bedeutung zuschreiben zu können
und entsprechend von ihr Gebrauch machen zu dürfen.

Andererseits sieht man sich genötigt doch nicht allein auf
diese Zahl zu bauen, da der Versuchsansteller selbst ja die Nebenumstände als ausserordentlich günstige hervorhebt. Und da
man nicht in der Lage ist, weitere Forschungen auf diesem Gebiete abzuwarten, so muss man sich auf eine ziemlich unvoll-
kommene Weise eine vorläufig benutzbare Zahl konstruieren,
indem man die altbekannten Beobachtungen und Versuche Wag-
ners heranzieht. Diese haben für Stallmiststickstoff den Wert
von 50% des Wertes des Salpeterstickstoffs ergeben. Wenn
man nun das Mittel zwischen 50 und 90, also 70% wählt, so
dürfte man immer noch auf die relativ beste Methode zu einer
vorläufig benutzbaren Zahl für den Wert des Stallmiststickstoffs
kommen [1]).

In Ermangelung absolut sicherer Zahlen nehmen wir also
das Mittel der bisher gefundenen, glaubwürdigen Zahlen, 70%, an.

Rechnen wir nun als Ausnutzungswert des Stallmiststickstoffs 70% des Salpeterstickstoffs, und bemessen danach den Geldwert des Stallmiststickstoffs, so ist das Kilogramm davon, bei
einem Salpeterdurchschnittspreise von einer Mark [2]), 0,70 Mark
wert. Die Phosphorsäure bemessen wir nach Vogel [3]) zu 0,15 Mark
pro Kilogramm.

Das Kali ist nach unserer Ansicht nicht höher als zu dem
Preise anzusetzen, den es im Karnallit an Ort und Stelle in
Stassfurt besitzt [4]), also pro Kilogramm 0,095 Mark, abgerundet
auf 0,10 Mark. Dies ist also der Maximalpreis. während über
eventuelle Verminderungen Seite 144 zu vergleichen ist. — Denn
es liegt bei dem in Futtermitteln enthaltenen Kali nicht wie bei
Anwendung der Kalisalze in der Hand des Landwirts, den Pflanzen-

---

1) Ich betone „vorläufig", da diese Mittelzahl nur ein sehr angreifbarer Notbehelf
ist. Leider besteht in dieser Frage noch keine absolute Gewissheit in der Wissenschaft.

2) Ungefährer Durchschnitt des Salpeter- und Ammoniakstickstoffpreises nach
Vogel im Kalender von Mentzel und von Lengerke 1898 0,86—1,10 Mark. Der
vorwiegenden Berücksichtigung des Salpeterstickstoffes wegen glaubte ich eine Mark
ansetzen zu dürfen.

3) Vergl.: Vogels Angaben im landwirtschaftlichen Kalender von Mentzel und
von Lengerke 1898.

4) Siehe Anmerkung 3.

nährstoff seinen Wünschen entsprechend, hier zu geben, dort zu versagen. Darum möchten wir sowohl von einer Verwendung der Kaïnitpreise, wie von einer eventuellen Berücksichtigung der Preiserhöhung durch den Transport absehen, welche so wie so grosse Schwierigkeiten bieten würde.

Was die günstigen Wirkungen der Nebenbestandteile und die ungünstigen des Chlors und ähnlicher Stoffe anlangt, so sind beide bei dem in Pflanzenteilen oder Tierprodukten enthaltenen Kali nicht oder nicht in nennenswerter Weise vorhanden, also nicht zu beachten. Man könnte vielleicht bei diesen Nebenwirkungen, wenn die Kalisalze sachgemäss verwendet werden, einen Vorteil für die Landwirtschaft in der Anwendung der Kalisalze gegenüber dem Stallmistkali erblicken, und letzterem deswegen einen niedrigeren Preis beimessen wollen; doch ist diese Sache noch nicht endgültig untersucht, auch glauben wir nicht, dass der von uns in Aussicht genommene Preis ein zu hoher sein sollte. Weiter dürfte für Phosphorsäure und Kali der einzusetzende Geldwert bezüglich seiner Genauigkeit nicht eine so ausserordentliche Bedeutung besitzen, da die in Betracht kommenden Mengen doch immer nur relativ geringe Werte repräsentieren. — Es kommt nun noch die Bedeutung der organischen Substanz in Frage. Unstreitig befindet man sich hierbei auf einem sehr ungenügend bekannten Gebiet. Wenn wir vorschlagen, den Durchschnittspreis der Torfstreu ab Fabrik, also unbelastet von Transportkosten zu verwenden, so sind wir uns wohl bewusst, wie angreifbar diese Aushilfe ist. Doch glauben wir sie, in Ermangelung von etwas Besserem, verwenden zu müssen. Dem Umstande, dass in dem Torfstreu auch zugleich der Streuwert, der in der organischen Futtersubstanz fehlt, bezahlt wird, glauben wir durch Annahme des Torfstreupreises ohne Transportkosten[1]) Rechnung tragen zu können.

Der Preis von 100 kg Torfstreu dürfte sich im Mittel auf 1,80 Mark stellen[2]). Wir nehmen nach Wolff[3]) bei lufttrockener Torfstreu 14,5 % Feuchtigkeit an, ferner 1,21 % Asche und 0,64 %

1) Diese sind bei der Torfstreu immer relativ bedeutend.

2) Die Torfstreupreise schwanken bekanntlich sehr. Aus mehreren mir vorliegenden Angaben glaubte ich auf einen Durchschnittspreis von 180 Mark für 10 000 kg schliessen zu können.

3) Vergl.: Wolff, Düngerlehre, 12. Aufl.

Stickstoff. Danach stellt sich entsprechend der unten angegebenen[1]) Berechnung der Preis von 1 kg organischer Substanz in der Torfstreu auf 0,018 Mark.

Bezüglich eventueller Schwankungen dieser Geldwerte ist ausserdem noch Folgendes zu bemerken: Sie sind als Durchschnittswerte zu bezeichnen, das heisst, sie sollen im Durchschnitt der deutschen Landwirtschaft den Wert der einzelnen Pflanzennährstoffe im Dünger angeben. Je nach den Verhältnissen hat sie der Landwirt, wie das ja bei der Tabelle noch des näheren angegeben ist, zu modifizieren.

Ist zum Beispiel, was ja allerdings selten eintreten dürfte, ein Bedürfnis nach Stickstoff nicht vorhanden, so kann natürlich auch dessen Wert nicht berücksichtigt werden. Hält man die im Stallmist dem Boden zufliessende Stickstoffgabe für zu gross, als dass sie ausgenutzt werden könnte, so ist das eventuell überschiessende Quantum davon nicht zu bewerten. Der sich dann ergebende Rentabilitätsausweis der Futterfelder und Wiesen, beziehungsweise der Viehhaltung, wird dann dem Landwirt eine Mahnung sein, eine angemessene Verwertung dieser Nährstoffmengen anzustreben.

Bei Phosphorsäure dürfte besonders in längere Zeit hindurch intensiv bewirtschafteten Rübenwirtschaften schon öfter eine Vernachlässigung des Geldwertes eintreten dürfen. Je nachdem der Landwirt glaubt, dass das ganze, oder nur noch das halbe, das viertel des im Stallmist gegebenen Phosphorsäurequantums noch produktiv auf den Pflanzenbau zu wirken im stande ist, soll er

1) Es enthalten nach obigen Angaben 100 kg lufttrockener Torfstreu 85,5 kg Trockensubstanz. Hiervon gehen ab: 1,2 kg Asche und 0,64 kg Stickstoff. Es bleibt also 83,66 kg organische Trockensubstanz. Für die Asche und den Stickstoff sind vom Preis Abzüge zu machen für

0,09 kg Phosphorsäure	à 10 Pfg.	0,009 Mk.	
0,08 kg Kali	à 10 „	0,008 „	
0,64 kg Stickstoff	à 40 „	0,256 „	

Summa Abzug für Pflanzennährstoffe 0,27 Mk.

Es bleibt also für organische Trockensubstanz ein Geldwert von 1,53 Mark, für 1 kg also 1,8 Pfg.

Die hier angewandten Preise der Pflanzennährstoffe sind nach Vogel angenommen. Vergl. Kalender von Mentzel und von Lengerke 1898.

die Geldwerte ganz oder nur zur Hälfte, oder endlich eventuell gar nicht einsetzen.

Für Kali gilt dies Verfahren ebenfalls, und zwar wird es hier am häufigsten Anwendung finden.

Im Allgemeinen ist jedoch über diese drei im Stallmist vorhandenen Pflanzennährstoffe zu sagen, dass sie, in Ermangelung besserer, für eine Geldwertsberechnung der Futtermittel zur Zeit anwendbar sind. Denn für die meisten der Güter Deutschlands ist ein Stickstoff- oder Phosphorsäureüberfluss etwas sehr fern liegendes, und auch bezüglich des Kali sind wohl nur manche, schwere Böden überreich.

Eine Erhöhung der Werte der drei Pflanzennährstoffe sollte keinesfalls stattfinden. Denn erstens versteigt sich bei solchen willkürlichen Schätzungen der Landwirt leicht zu seinem Nachteil zu weit nach oben, man soll sie daher möglichst ausschliessen; und zweitens werden die betreffenden Pflanzennährstoffe dann meist ein Kunstdünger, oder teilweise durch Gründüngung billiger zu beschaffen sein. Es darf der Landwirt daher dem Vieh nicht mehr für den Pflanzennährstoff zahlen, als er auf dem Markt dafür anwenden müsste.

Die organische Substanz in den Futtermitteln wollten wir nach dem Preise derselben in der Torfstreu bewerten. Ebenso wie bei den vorerwähnten Pflanzennährstoffen kann bei ihr der Fall eintreten, dass der Landwirt ihr einen Wert beizumessen nicht in der Lage ist, oder nur dem halben, dem zehntel des dem Acker zugeführten Quantums den Geldwert zuerkennen will. Ebenso häufig wird aber auch auf schweren bis extrem schweren Böden der Fall eintreten, dass der von mir nach der Torfstreu berechnete mittlere Wert nicht ausreicht. Hier muss nun der Landwirt nach reiflicher Ueberlegung, unter Berücksichtigung der anderweitigen Beschaffungskosten gleich brauchbarer organischer Substanz, unter Beobachtung eines eventuellen Ersatzes der physikalischen Wirkungen derselben durch Aetzkalk und ähnliche Mittel, einen höheren Wert ansetzen. Genaue Anhaltspunkte lassen sich hier leider nicht geben, doch ist zu beachten, dass die physikalische Wirkung des Stallmistes auf manchem Boden direkt unersetzlich sein kann, und dass in diesem Falle der Landwirt nicht zögern darf, eventuell über den von mir angegebenen Wert der organischen Substanz hinauszugehen.

Nachdem so die Geldwertszahlen für die vier Pflanzennährstoffe der Futtermittel, die uns allein eine Bewertung zu verdienen
scheinen, gefunden sind, bleibt uns noch übrig, die Verluste zu
berücksichtigen, welche an ihnen stattfinden, ehe der Landwirt
sich ihrer im Stallmist zu Düngungszwecken bedienen kann.

Es finden solche während des Durchgangs der Stoffe durch
den Tierkörper, sowie vom Verlassen des Tierkörpers bis zur
Unterbringung des Düngers auf dem Felde statt.

Wir betrachten in erster Linie diejenigen Verluste an
Pflanzennährstoffen, welche durch Aufnahme derselben in die
tierischen Marktprodukte, also Fleisch, Milch und dergleichen,
dem Stallmist verloren gehen. Es ist hier sehr schwer, allgemeine Zahlen zu geben. Denn es ist natürlich, dass je nach dem
der Landwirt Fettvieh oder Milch, oder Jungvieh und Aehnliches produziert, sowie je nach der Verwendung dieser Produkte
die Verluste der Futtermittel an Pflanzennährstoffen während
ihres Durchgangs durch den Körper sehr verschieden sein
werden. Es sollte daher billig erscheinen, solche Ermittelungen
den Einzelnen zu überlassen. Wenn wir trotzdem wieder Durchschnittszahlen zu geben versuchen, so geschieht dies aus folgender Ueberlegung:

Es ist zu hoffen, dass die jetzt sehr sparsam vorhandenen
Zahlen über Verluste an Pflanzennährstoffen im Tierkörper mit
der Zeit genauer und ausführlicher werden, so dass sich wenigstens
für einzelne Betriebsarten dann vielleicht Prozentzahlen ergeben
werden. — Vor der Hand schlagen wir vor, dass man zwei
Gruppen unterscheidet:

1. starke Abgabe von Pflanzennährstoffen bei Jungvieh,
Milchvieh und tragendem Vieh;

2. geringe und daher zu vernachlässigende [1]) Abgabe an
Pflanzennährstoffen bei Zugtieren, Masttieren, soweit sie ausge-
wachsen sind, und nur Erhaltungsfutter empfangenden Tieren.

---

1) So auch Emil Wolff, Praktische Düngerlehre, 12. Auflage. — Müntz und
Girard führen allerdings bei Hammeln ca. 6 % des Futterstickstoffes als Ansatz an,
doch ergiebt sich aus ihren Versuchen das Alter der Tiere nicht; auch besteht keine
Sicherheit dafür, dass die erhaltene Gewichtszunahme auch die Zusammensetzung des
Fleisches hatte, wodurch die beiden Forscher zur Annahme der 6 % kommen. War
die Zunahme Fett, so wäre wenig Stickstoff im Körper geblieben.

Für die starke Abgabe nehmen wir nach einem Beispiele Wolffs [1]), das eine Milchviehhaltung mit Jungviehaufzucht unter mittleren Verhältnissen betrifft, die folgenden, im Gegensatz zu Wolff nur auf Prozente des Futtergehalts berechneten Zahlen. 19 % Stickstoff, 18,1 % Phosphorsäure, 5,5 % Kali, die ich auf 20 % Stickstoff [2]), 20 % Phosphorsäure und 6 % Kali abrunde [3]).

Unzweifelhaft ist die obige Berechnung von Wolff nicht in der Absicht veröffentlicht worden Durchschnittszahlen für die vorliegenden Verluste gewähren zu sollen. Doch sind die ziemlich genau angegebenen Nebenumstände derartige, dass eine Verallgemeinerung als Durchschnittssatz so ganz unmöglich nicht sein dürfte. Jederzeit würden hier ausserdem genau ermittelte Zahlen einzusetzen sein, wir besitzen nur solche noch nicht.

Für den Verlust an organischer Substanz im Tierkörper nehmen wir bei beiden Gruppen nach der altbewährten Zahl für die Berechnung der Düngermenge 50 % an. Dass hier die Zahl sich nicht auf die gesamte Trockensubstanz, sondern nur auf dieselbe nach Abzug der relativ geringen Mengen Stickstoff, Kali und Phosphorsäure bezieht, scheint uns ohne Bedeutung. Es kommen nun noch die Verluste ausserhalb des Tierkörpers, also im Stall und auf der Dungstätte zur Betrachtung [4]). Wir verwenden die Untersuchungen von Müntz und Girard [5]), da die Untersuchungen von Holdefleiss [6]) sich nicht als ganz einwandfrei ergeben haben, und ausserdem die so wichtigen (wenigstens für

---

1) Vergl.: Emil Wolff, Praktische Düngerlehre, 12. Aufl.

2) Aehnlich finden Müntz und Girard bei Milchkühen den in der Milch und dem produzierten Fleisch enthaltenen Stickstoff gleich 17,7 % des Futterstickstoffes.

3) Weiske rechnete, wie schon vorher angegeben, dass von den in den Futtermitteln enthaltenen Pflanzennährstoffen überhaupt

42,5 % Stickstoff, 15 % Phosphorsäure und 13 % Kali in Abzug kämen. Settegast rechnet, wie gleichfalls oben erwähnt, für Verluste durch Ansatz im Tierkörper

bei Phosphorsäure 25 %, ebensoviel bei Stickstoff und 5 % bei Kali.

Seine Zahlen stimmen also leidlich mit den durch mich aus Wolffs Angaben abgeleiteten überein.

4) Die Verluste auf dem Feld bis zum Einpflügen beachte ich nicht, da man von jedem Landwirt verlangen muss, dass er wenigstens hier nennenswerte Zersetzungen etc. vermeidet. Mit den Verlusten auf der Dungstätte muss man leider rechnen.

5) Und zwar in der Uebersetzung von Vogel.

6) Untersuchungen über den Stallmist, 1889, von Holdefleiss, ist zu vergleichen.

unsere Berechnung wichtigen) Pflanzennährstoffverluste gleich nach Verlassen des Tierkörpers, also noch im Stall, nicht berücksichtigen. Die Untersuchungen Vogels[1]) teilen diesen Mangel. Vorliegende Rechnung wird sich also vorzugsweise auf die Zahlen der beiden erwähnten französischen Forscher stützen. Nun sind diese Zahlen leider weit davon entfernt, ein umfassendes Durchschnittsbild zu gewähren. Wurde schon bei den Verlusten im Tierkörper auf die ziemlich problematische Richtigkeit unserer Durchschnittszahlen hingewiesen, so ist dies hier natürlich in noch viel höherem Masse der Fall. Denn welche Unterschiede bietet uns die Behandlung des Mistes vom Zeitpunkt, wo er den Tierkörper verlässt, bis zu dem, in welchem er auf den Wagen geladen wird, um auf den Acker zu gelangen. Welche Differenz, von dem Stallmist des Bauern, welcher der aus dem Mist durch Regen ausgewaschenen, abfliessenden Jauche einen Weg zum Dorfgraben bahnt, soweit sie nicht im Untergrund versickert, bis zu dem des Landwirts, auf dessen Düngerstätte das Vieh täglich den sorgfältig gebreiteten Mist festtritt, der ausserdem in die wohl cementierten, wasserdicht gepflasterten Ställe und die ebenso ausgeführte Düngerstätte Konservierungsmittel einstreut, ja, die Düngerstätte sogar gegen Regen schützt. — Es ist selbstverständlich, dass unter solchen Umständen eine anzugebende Durchschnittszahl nichts vorstellen kann als einen Anhalt, der zur näheren Ermittelung der in Abzug zu bringenden, verlorenen Pflanzennährstoffmengen dienen soll. Aber gerade weil diese Zahl nur als Anhalt dienen soll, wird man vielleicht die geringe Zahl von Versuchen, auf die sie sich stützt, übersehen können. Und jedenfalls ist eine derartige Zahl immer besser als gar nichts.

Die betreffenden Versuche ergeben bei Pferdemist:

Verlust nach Ausscheidung bis zur Untersuchung, die alle zehn Tage stattfand:

28,7 % Stickstoff von dem im Futter vorhandenen.

Weiterer Verlust des Mistes in etwa vier Monaten Lagerung ohne Schutz und Vorsichtsmassregeln 23,1 % des ursprünglich im Mist vorhandenen Stickstoff, 16,2 % der Phosphorsäure, 30,3 % des Kali, 47,1 % der Trockensubztanz.

---

1) Vergl.: Vogel, Der Stallmist und seine Beziehungen zur Fütterung, Heft 17 der Arbeiten der D. L. G.

Leider sind diese Zahlen nicht auf Prozente der im Futter enthaltenen Pflanzennährstoffe berechnet, und würden in diesem Falle etwas kleiner sein. Eine Umrechnung, die aber nur beim Stickstoff möglich war, — sonst fehlten die nötigen Angaben, — zeigt, dass die Differenz nicht allzugross ist. Es ist der Verlust an Stickstoff in Prozenten des im Futter enthaltenen nämlich 20,96% [1]). Wir glauben um so eher diese Ungenauigkeit unbeachtet lassen zu dürfen, als durch den Zeitpunkt der ersten Untersuchung sicher ein Teil der Verluste unberücksichtigt geblieben ist [2]). Wir finden also für Pferde Verluste von:

41,8% Stickstoff, 16,2% Phosphorsäure,
30,3% Kali, 47,1% organische Substanz,

die drei letzten unter Vernachlässigung der Verluste in den 30 Tagen der Ausscheidung.

Aehnlich ergiebt sich für Kühe, wobei wir einen der Praxis nicht entsprechenden Versuch ausscheiden, im Durchschnitt ein Verlust durch Düngerzersetzung und Auswaschung von:

59,1% Stickstoff [3]), 10,9% Kali,
11,2% Phosphorsäure, 30,7% organ. Substanz [4]).

Desgleichen für Hammel, Verluste im Stall nach dem Durchschnitt von sechs Versuchen:

60,1% Stickstoff, — Phosphorsäure,
21,6% Kali 26,6% Trockensalz [5]).

Die drei letzten unter Vernachlässigung der Verluste während einer längeren, vorhergehenden Zeit.

1) Es ergaben sich bei den anderen Versuchen hier allerdings grössere Differenzen. Doch sind diese nach meiner Meinung derart, dass sie genauere Angaben hier zwar sehr wünschenswert machen, aber in Ermangelung besserer Zahlen ihre Benutzung zur Aufstellung von Durchschnittswerten noch möglich ist.

2) Der Mist wurde nach der Ausscheidung jeden zehnten Tag untersucht; die Verluste z. B., die das erste Mistquantum vom zehnten bis zum dreissigsten Tag erlitt, an welchem der zweite Lagerversuch begann, sind also nicht berücksichtigt.

3) Von den drei Versuchen über Stickstoffzersetzung im Stall nehme ich den letzten mit 35,2%, da dies in der Mitte zwischen den beiden andern Versuchen steht, und zweitens der Beginn der später als Lagerversuch fortgesetzten Untersuchung ist.

4) Die drei letzten wieder unter Vernachlässigung der Verluste, hier in den ersten 47 Tagen.

5) Das heisst organische Trockensubstanz.

Als Durchschnittsverlust erhält man aus diesen Zahlen:

53,6% Stickstoff,

8,4% Phosphorsäure,

20,9% Kali,

34,8% Trockensubstanz [1].

Vergleicht man diese mit den verschiedenen anderen Verlustangaben, die sich allerdings nur auf Verluste des aus dem Stall auf den Düngerhaufen gebrachten Mistes beziehen, so ergieb sich:

Müntz und Girard: nach unserer Durchschnittsberechnung. Verlust an:		Vogel [2]:	Holdefleiss [3]:
Stickstoff	53,6 %	34,78 %	23,4 %
Phosphorsäure	8,4 %	2,94 %	3,0 %
Kali	20,9 %	19,36 %	3,1 %
Org. Substanz	34,8 %	47,58 %	31,2 %

Wir glauben an der Hand dieser Berechnungen als vorläufige Mittelzahlen, die zu ändern wären, sobald wir hier genauere Belege haben, folgende Angaben setzen zu dürfen. Dieselben sind entsprechend abgerundet.

50% Stickstoff [4]),

10% Phosphorsäure,

1) Ebenfalls organische Trockensubstanz.

2) Vergl.: Vogel. Der Stallmist und seine Beziehungen zur Fütterung. Heft 17 der Arbeiten der D. L. G. — Der Stallmist ist hier immer jede Woche untersucht und in die Grube gebracht worden.

3) Vergl.: Holdefleiss, Untersuchungen über den Stallmist. — Der Verfasser stimmt mit den Resultaten Heidens überein.

4) Zur Beachtung noch folgendes:

Die soeben erschienenen „Versuche über Stallmistbehandlung" von Professor J. Hansen und Dr. A. Günther, Heft 30 der Arbeiten der D. L. G. können uns nicht veranlassen, diese Zahlen aufzugeben.

Von den darin behandelten Versuchen ist leider nur einer für uns benutzbar. Es kommt, wie bekannt, darauf an, eine Durchschnittszahl zu finden, welche für die meisten Wirtschaften Deutschlands gültig ist, wo weder in mechanischer noch in chemischer Hinsicht etwas Bemerkenswertes für die Konservierung des Düngers gethan wird.

Bei der Mehrzahl der in Zwätzen ausgeführten Versuche befand sich aber der Mist festgestampft in einer cementierten Grube, und lagerte hier teils mit, teils ohne Zusatz von chemischen Konservierungsmitteln. Der Stall, in dem der Mist gewonnen wurde, ebenso die Jaucherinnen waren vorzüglich cementiert und dicht.

Der einzige Versuch, bei dem der Mist im Freien lagerte, ist für uns deshalb nicht zu verwenden, weil die Angaben über Zusammensetzung von Milch und Jauche

20% Kali,
40% organ. Substanz.

(Die starke Erhöhung hier rechtfertigt sich durch den Umstand, dass die beiden französischen Forscher die in der ersten gerade hier fehlen, ausserdem die Jauche nicht in den Lagerversuch eingeschlossen war. — Es ist also klar, dass wir für Phosphorsäure und Kali bei der mangelnden Gelegenheit des Versickerns keine Verlustzahlen erwarten können (die doch vorkommenden beruhen auf Versuchsfehlern). Was den Stickstoff anlangt, so ist für seine Verluste nur ein Versuch für uns benutzbar, bei dem der Mist regellos, wie es unserer obigen Annahme entspricht, in die Grube geworfen wurde, ohne mechanische oder chemische Konservierung. Es war nach unserer Berechnung der in der Schrift enthaltenen Angaben hier der Verlust von Stickstoff 43,5 % des im Futter gegebenen Stickstoffes. Beachnet man, dass eine so absolute Dichtigkeit des Stalles, der Rinnen und der Jauchestätte, wie bei erwähntem Versuch, in der Praxis sehr selten sein dürfte, und dass besonders bei unseren angenommenen mittleren Verhältnissen gewiss auch Stickstoffverluste durch Versickern vorkommen, so kann man auch hieraus eine Bestätigung der Zahl 50 % Stickstoff als Durchschnitsverlust ableiten.

Berechnung : Versuch II, Grube I.

Gegebenes Futter enhielt . . . . . . 49,045 kg Stickstoff.

Gegebene Streu enthielt . . . . . 9,044 kg ,,

Summa in gegebenen Materialien : 58,089 kg Stickstoff.

Davon gehen zunächst ab:

Für Ausgabe in Milch . . . . 6,27 kg Stickstoff.

Für Ausgabe in Körpersubstanz (25 kg),
letztere auf Kalbfleisch mit 2,4 % Stickstoff berechnet, da die Kühe tragend
waren . . . . 0,625 kg ,,

Bleibt . . . . 51,194 kg Stickstoff.

Dagegen wurden zunächst beim Ausmisten erhalten an:

Mist . . . . 39,010 kg Stickstoff.

Jauche . . . . 1,770 kg ,,

Summa also . . . . . 40,780 kg Stickstoff.

Also Verlust bis zum Beginn des Lagerversuches bereits . . . . 10,414 kg Stickstoff.

Dazu Verlust während des Lagerns . . 14,890 kg ,,

Gesamtverlust also, nachdem der Mist den
Körper verlassen hatte . . . . . 25,304 kg ,,

Also Verlust an Stickstoff, nach Verlassen des Körpers, sowohl im Stall wie auf der Dungstätte :

43,5 % des Futter- und Streustickstoffes.

Da der Stickstoff der Streu wohl schwerer löslich ist als der des Futters, so dürfte bei prozentischer Bestimmung des alleinigen Verlustes an Futterstickstoff sich eher eine höhere Zahl ergeben.

Zeit gewiss bedeutenden Verluste an organischer Substanz vernachlässigten).

Diese Mittelzahlen sollen nun für den Pflanzennährstoffverlust in Durchschnittswirtschaften gelten, wo für die Konservierung des Düngers weder in mechanischer noch in chemischer Hinsicht etwas Bemerkenswertes gethan, aber auch der Dünger nicht durch ganz undichten Boden, Tagewasser und überlanges Lagern systematisch ausgelaugt und zersetzt wird.

Für die meisten Wirtschaften Deutschlands dürfte leider zur Zeit die oben erwähnte Verlustzahl Giltigkeit haben und anzuwenden sein.

Für Güter mit rationeller Düngerkonservierung auf mechanischem Wege und durch Einstreumittel, oder für Güter mit rationell behandelten Tiefställen werden allerdings so grosse Verluste nicht anzunehmen sein. Natürlich ist bei solchen Gütern eine absolute Dichtigkeit von Düngerstätte, Stall und Jaucherinnen selbstverständlich, oder sollte es wenigstens sein. In diesem Fall, also bei der denkbar vorzüglichsten Düngerkonservierung in der Praxis nehmen wir im Anschluss an Vogel einen Stickstoffverlust von 10% an [1), und einen entsprechenden Verlust an organischer Substanz, 15% an [2). Verluste an Kali und Phosphorsäure sollten bei guter Beschaffenheit der Stallungen und Düngerstätte nicht in nennenswerter Weise vorkommen.

Wir haben nun für die Feststellung des Düngerwertes die nötigen Zahlen erhalten, ebenso besassen wir das Wertsverhältnis, dessen Bestehen zwischen den einzelnen Nährstoffen wir bis jetzt annehmen müssen.

Ehe wir jedoch auf die Benutzung dieser Werte, und damit auf die Geldwertsberechnung der Futtermittel, wie sie für uns möglich und passend ist, eingehen, müssen wir noch auf einen Punkt Rücksicht nehmen.

Wie bekannt, ist von verschiedenen Autoren, die sich mit der Geldbewertung der Futtermittel beschäftigten, so noch jüngst von Lehmann im Kalender von Mentzel und von Lengerke der

---

1) Vergl.: Vogel, Der Stallmist und seine Beziehungen zur Fütterung, Heft 17 der Arbeiten der D. L. G.

2) Die letzte Zahl ist nicht von Vogel angegeben, sondern derartig berechnet, dass sie sich zu dem bei fehlender Behandlung eintretenden Verlust ebenso verhält wie 10 : 34,78 (Vogels Verlustzahl bei mangelnder Behandlung).

Versuch gemacht worden, die Futtermittel gruppenweise zu bewerten. Man verfolgte dabei teilweise das gewiss sehr berechtigte Bestreben, den Geldwert der Rauhfutterstoffe mit Rücksicht auf die hier bei weitem grössere Verdauungsarbeit geringer zu bemessen.

Man steht hier aber vor zwei anderen Hindernissen. Erstens wird ein Vergleich von Rauh- und Kraftfutter, der dem Landwirt oft wünschenswert sein dürfte, ja auch von zweierlei Sorten marktloser Futtermittel, z. B. Rüben und Stroh, damit unmöglich gemacht.

Dann besitzt man noch kein Mittel, die eventuelle Wertverringerung der Rauhfutterstoffe den Kraftfuttermitteln gegenüber zahlenmässig zu berechnen und vom Kraftfuttermittel abziehen zu können. Da für die Rauhfuttermittel sich aber entweder gar keine, oder wenigstens in der Regel keine brauchbaren Geldwertszahlen ermitteln lassen [1]), so besässen wir gar keine Möglichkeit der Geldbewertung für sie. Aus diesen beiden Gründen halten wir es für richtiger, von dem Vorhaben abzusehen, durch gruppenweise Geldbewertung der spezifischen Beschaffenheit der Rauhfutterstoffe (bezüglich der grösseren Verdauungsarbeit) Rechnung tragen zu wollen. Wir sehen aber andererseits ein, dass in gewisser Weise dieser Punkt zu beachten bleibt, und da wir es auf die erwähnte Weise nicht für angemessen halten, werden wir es anderweitig thun müssen. Wir glauben, dass man durch verminderte Bewertung desjenigen Nährstoffes, der in den Rauhfutterstoffen wie in allen schwer durch den Körper verarbeitbaren Futtermitteln besonders stark auftritt, durch verminderte Bewertung der Rohfaser dem oben erwähnten Umstande Rechnung tragen kann. Nun sind ja die Untersuchungen über den Wert der Rohfaser noch nicht abgeschlossen, und durch die Forschungsergebnisse Gustav Kühn's, nach denen ebenso wie die Rohfaser auch die stickstofffreien Extraktstoffe der Sumpfgasgährung im Tierkörper unterliegen, ist die Frage der Rohfaserbewertung und die Unsicherheit unseres jetzigen

---

[1]) Es kämen von Rauhfuttermitteln, die man zur Geldbewertung heranziehen könnte, nur Heu und Stroh in Betracht. Diese sind aber, wie ich im Laufe der Arbeit schon mehrfach betonte, zur Geldbewertung ihrer schwankenden, „nicht massgeblichen" Preise wegen unbrauchbar.

Wissens über ihren Wert vielleicht noch mehr als früher zu Tage getreten. Doch wie bei anderen Verhältnissen, so muss man sich hier, so gut es geht, mit den jetzigen Forschungsresultaten helfen. Und nach den Untersuchungen von Holdefleiss [1]) dürfte bei einer Bewertung der Rohfaser, im Anschluss an J. Kühn [2]), zu 80% der stickstofffreien Extraktstoffe der vermehrten Verdauungsarbeit bei rohfaserreichen Stoffen genügend Rechnung getragen sein, wenn auch wahrscheinlich später sich hier Aenderungen notwendig machen werden. Denn es ist doch zu hoffen, dass auch in diese Verhältnisse einmal mehr Klarheit kommen wird.

Da wir gerade über Modifikationen des Wortes gewisser „Special"-Nährstoffe sprechen, so sollen auch hier die Amide berücksichtigt werden. Diese sind nach den Untersuchungen von Chomsky [3]) von geringerer Wirkung für die tierische Ernährung, namentlich können sie die wirklichen Eiweissstoffe für das produzierende Tier nicht ersetzen.

Der Schluss, den wir zunächst hieraus ziehen, ist der, dass wir die Amide besonders rechnen, und sie keineswegs mit den verdaulichen Eiweissstoffen zusammenbringen dürfen. Auch bezüglich der Forderungen, dass $1/_{12}$ oder $1/_{7,5}$ der gesamten verdaulichen Nährstoffe Protein ist, ist zu bemerken, dass Amidsubstanzen hier nicht zur Erfüllung der $1/_{12}$ oder $1/_{7,5}$ der Gesamtmenge dienen dürfen [4]).

Was die Bewertunng der Amide selbst anlangt, so müsste man sie ihrem Wärmewert nach etwa zu der Hälfte des Wertes (56,3 %) der Kohlehydrate ansetzen. Doch ist zu bemerken, dass das Asparagin [5]) als Reizstoff eine gewisse Bedeutung hat. Wir

---

1) Vergl.: Berichte aus dem physiologischen Laboratorium und der Versuchsanstalt des landwirtschaftlichen Instituts zu Halle, Heft 13.

2) Vergl.: J. Kühn, Die zweckmässigste Ernährung des Rindviehes.

3) Vergl.: Berichte aus dem physiologischen Laboratorium und der Veruchsanstalt des landwirtschaftlichen Instituts zu Halle, Heft 13.

4) Die noch später zu erwähnenden, neuesten Untersuchungen Kellners über Amidsubstanzen, nach denen die Amide unter Umständen eiweisssparend wirken können, schienen mir nicht die Veranlassung zu bieten, diese Ansicht zu ändern. Auch sind sie mir nur auszugsweise bekannt, sodass ich ieider nicht in der Lage bin, sie voll berücksichtigen zu können.

Die Arbeit selbst ist später genauer angegeben.

5) Das hervorragendste Glied der Amidsubstanzen.

verweisen hier auf die schon angeführten Untersuchungen von Chomsky, ferner auf Pott's[1] Ansichten, der unter Beachtung der Untersuchungen von Weiske, Zuntz, Munk und Voit zu einer ziemlich hohen Wertschätzung der Amidstoffe gelangt. Die neuesten, über Amide vorliegenden Untersuchungen von Kellner[2] waren mir leider nur auszugsweise zugänglich. Sie dürften eine vielleicht etwas höhere Bewertung dieser Stoffe veranlassen, als nach den Chomsky'schen Untersuchungen bisher angenommen wurde. Doch glauben wir nicht, dass dadurch unsere Absicht, die Amide gleich hoch wie die Kohlehydrate anzusetzen, tangirt würde. Wir meinen der Wahrheit am nächsten zu kommen, wenn wir uns dem Vorgange von Julius Kühn[3] anschliessen und die Amidsubstanzen zum vollen Wert der stickstofffreien Extrakt-stoffe zum Ansatz bringen[4].

Nun können wir uns zum Schlusse zur Anwendung aller erhaltenen Werte, zur Aufstellung von Geldwerten für die markt-losen Futtermittel, und ähnlichen Dingen wenden. Zunächst be-trachten wir die Folgerungen, die sich aus den ermittelten Werten für die marktpreisbesitzenden Futtermittel ziehen lassen.

Einen Geldwert für dieselben zum Zwecke der Benutzung in der doppelten Buchführung brauchen wir nicht zu ermitteln, denn, wie wir schon mehrfach gesehen haben, finden sich bezüg-lich der in die Bücher einzusetzenden Geldwerte für marktpreis-besitzende Futtermittel bereits ausreichende Angaben.

Wir wiederholen sie nur des Zusammenhanges wegen:

Futtermittel, die Gegenstand eines Kaufes, oder eines Ver-kaufes gewesen sind, muss man zu dem für sie erzielten Preis ansetzen. Zu berücksichtigen sind die eventuell entstandenen Transportkosten, es sind also sogenannte loco Hofpreise zu ver-wenden[5].

---

1) Vergl.: Pott, Die landwirtschaftlichen Futtermittel.

2) Vergl.: Kellner, Ueber die Bedeutung des Asparagins für die Ernährung der Wiederkäuer; nach Fromms Bericht im Chemischen Centralblatt 1898, Bd. II, No. 3.

3) Vergl.: J. Kühn. Die zweckmässigste Ernährung des Rindviehes.

4) Ich setze sie absichtlich nicht zum Wert der Eiweissstoffe an, was ja sonst das Gleiche sein würde, weil sie bezüglich des zu fordernden Mindestgehaltes an Ei-weiss nicht berücksichtigt werden können; wenigstens vorläufig.

5) Dies gilt natürlich allgemein, also auch von thatsächlichen Käufen und Ver-käufen in marktlosen Futtermitteln.

Futtermittel, welche zwar in der Wirtschaft sowohl erzeugt wie verbraucht worden sind, die aber jederzeit auf dem Markte in beliebigen Mengen zum Marktpreis zu veräussern wären, also marktgängige Futtermittel, sind zu Marktdurchschnittspreisen anzusetzen [1]). Wir schlagen für die Buchführung den Jahresdurchschnitt vor, damit die Buchführung auch immer mit den thatsächlichen Marktverhältnissen in dem nötigen Zusammenhang bleibt. Doch muss sich in diesem Falle der Landwirt bewusst bleiben, dass besonders günstige Resultate, die sich einmal durch einen hohen Durchschnittspreis des einen Jahres in seiner Buchführung ergeben, noch nicht die Veranlassung zu bedeutenden Aenderungen in der Wirtschaft werden dürfen. Derartiges wird erst dann geschehen, wenn der hohe Jahresdurchschnittspreis, und damit das günstige Resultat des betreffenden Betriebszweiges längere Zeit anhält.

Für die Buchführung scheinen also unsere Ermittelungen kaum ein Resultat zu gewähren, das nicht schon bekannt wäre, wenigstens was die Geldrechnung bei Kauf und Verkauf und besonders die marktgängigen Futtermittel anbetrifft.

Dies ist in gewisser Beziehung auch der Fall, wenigstens für die Buchführung an und für sich. Nicht so aber für die mit ihr eng zusammenhängenden Rentabilitätsberechnungen einzelner Betriebszweige, einzelner Massnahmen und Veränderungen. Und diese dürften an Bedeutung und Wichtigkeit für den Landwirt die doppelte Buchführung noch überwiegen. Dass diese ihre Bedeutung sehr gross ist, und dass es zugleich die Aufgabe der Geldwertsberechnung der Futtermittel ist, die Rentabilitätsberechnungen zu ermöglichen und zu erleichtern, erkannten schon früher viele landwirtschaftlichen Schriftsteller, worauf bei Gelegenheit auch hingewiesen ist. Und diese Aufgabe der Geldwertsberechnung der Futtermittel hoffen wir mit Hilfe der vorher ermittelten Wertszahlen gründlicher und genauer lösen zu können, als es bisher der Fall war.

Die Fragen bei der Rentabilitätsberechnung, die sich auf

---

1) Unter gewissen Umständen, z. B. in der Nähe grosser Städte, kann auch Heu und Stroh etc. marktgängig werden, worauf schon früher hingewiesen wurde. Doch ist dies derzeitig immer noch ein Ausnahmefall im Vergleich zum grossen Durchschnitt.

Futtermittel beziehen, dürften ziemlich alle auf die eine Frage hinauslaufen:

Welches Futtermittel bietet die Nährstoffe[1] am billigsten? Alle sonstigen Fragen, wie: Kaufe ich Kunstdünger oder Kraftfutter? Soll ich Körner verfüttern oder Handelsfuttermittel kaufen? und dergleichen, — sie alle werden sich mit geringster Mühe vom Landwirt selbst beantworten lassen, wenn ihm die Wissenschaft eine möglichst ausreichende Anleitung zur Beantwortung der ersten Frage giebt.

Um dies zu ermöglichen, haben wir die dieser Arbeit beigegebenen Tabellen I. aufgestellt. Sie sollen dem Landwirt also zeigen, wie teuer er in jedem Futtermittel bei den verschiedenen Marktpreisen die Nährstoffeinheit bezahlt.

Im folgenden gedenken wir einige Bemerkungen und Beispiele zu unseren Tabellen zu geben.

Für Tabelle I gelten folgende Notizen.

Sie soll, das Gleiche gilt übrigens auch von Tabelle II, keineswegs so wie sie ist, benutzt werden, sondern nur zeigen, zu welchen Resultaten man nach meiner Berechnungsmethode kommt. Um sie für die Praxis brauchbar zu machen, dürfte, von einer bedeutenderen Erweiterung abgesehen, noch manche der vorher erwähnten Ungenauigkeiten zu beseitigen sein, ferner müssten auch besonders die Bemerkungen genauer und sorgfältiger ausgeführt werden.

In Spalte 3, „Verluste an Pflanzennährstoffen im Tierkörper", bedeutet

1. die sich bei geringem Verbrauch der betreffenden Stoffe, also bei Zugtieren, Tieren auf Erhaltungsfutter und ausgewachsenen Masttieren sich ergebenden Verluste; dagegen

2. die Verluste bei Milchvieh, Jungvieh und tragendem Vieh[2].

In der Spalte: „Verluste an Pflanzennährstoffen im Stall und Dungstätte bedeutet:

1. die Verluste, wenn besondere Sorgfalt auf die Konservierung des Düngers nicht aufgewendet wird, also den im Durchschnitt der deutschen Wirtschaften stattfindenden Verlust;

---

1) Das heisst diejenigen Nährstoffe, deren ich ausser den in der Wirtschaft erzeugten, marktlosen noch bedarf. Ueber die Preiswürdigkeit der marktlosen Futtermittel später.

2) Vergl. auch Seite 145 dieser Arbeit.

2. den durch die grösste Sorgfalt erreichbaren Minimalverlust.
In Spalte: „Verbleibende Mengen von Pflanzennährstoffen"
und in den entsprechend eingeteilten, folgenden Spalten bedeutet:
1. die sich bei geringem Verlust von Pflanzennährstoffen
im Tierkörper, aber grossem auf der Dungstätte ergebenden
Werte.

2. Das Gleiche bei grossem Verlust im Tierkörper und
grossem Verlust in Stall und Dungstätte.

3. Das Gleiche bei geringem Verlust sowohl im Tierkörper,
wie in Stall und Dungstätte.

4. Das Gleiche bei grossem Verlust im Tierkörper und geringem Verlust in Stall und Dungstätte.

Unter diesen vier Zahlengruppen, wie auch unter den
sonstigen Angaben über Düngerwert und Pflanzennährstoffe ist
bei jedem Futtermittel eine Reihe freigelassen, um dem Landwirt
zu ermöglichen, hier das nach unserer Methode für seine Verhältnisse [1] von ihm selbst, oder einem Landwirtschaftslehrer oder
dergl. berechnete Ergebnis einzutragen. In der Regel aber dürfte
die Bewertung aller vier Pflanzennährstoffe, sowie die Annahme
der mittleren, grossen Verluste auf der Düngerstätte und im Stall
anzunehmen sein.

Ehe wir uns einem Beispiele zuwenden bringen wir noch
folgende Sätze, von denen die beiden letzten auch für die Tabelle II Geltung haben.

Die „Bemerkungen", die dem Praktiker den Anhalt geben
sollen, ob das Futtermittel wegen seiner spezifischen Bekömmlichkeit, wegen seiner ganz besonderen Anforderungen an die
Verdauungsarbeit und dergleichen, eventuell höher oder niedriger
als meine Zahlen angaben, zu bewerten ist, würden natürlich für
eine dem wirklichen Gebrauch dienende Tabelle genauer und
ausführlicher sein müssen.

Die Zahlen über Aschengehalt, Verdaulichkeit und Aehnliches sind dem Kalender von Mentzel und von Lengerke 1898
entnommen.

Die Berechnungen der Tabellen sind nur unter der Be-
dingung brauchbar, dass das Erhaltungsfutter mindestens $\frac{1}{12}$, das
Produktionsfutter mindestens $\frac{1}{7,5}$ verdauliches Protein enthält [2].

---

1) Soweit nämlich Abweichungen von den Mittelzahlen notwendig sind.

2) Vergl. auch Seite 135 dieser Arbeit.

Nun ein Beispiel.

Ein Stamm von 20 Milchkühen befindet sich auf einem kleinen Gut, das die Milch nach der benachbarten Provinzialstadt verkauft oder Butter bereitet. Für die Winterfütterung sind 200 Doppelcentner Kleeheu[1]) und 10 000 kg Wiesenheu vorhanden. Da die Winterfütterung sich auf etwa 200 Tage erstrecken wird, so kann also pro Tag und Kuh täglich:

5 kg Kleeheu und 2,5 kg Wiesenheu gegeben werden. Ausserdem kann noch täglich 2,5 kg Winterroggenstroh und 1 kg Haferstroh gegeben werden, dazu 20 kg Futterrunkeln.

Das Kleeheu sowohl wie das Wiesenheu ist von vorzüglichster Beschaffenheit, nicht zu spät geschnitten, gut eingebracht. Namentlich ist beim Einbringen des Kleeheues der Blattverlust ein geringer gewesen. Ausserdem ist das Kleefeld gut mit Phosphorsäure gedüngt gewesen, und auch eine Kaligabe dürfte noch vom Vorjahr wirksam gewesen sein. Die Wiese ist nicht gedüngt worden, da sie alljährlich vom Flusse überschwemmt und so mit Nährstoffen reichlich versehen wird.

Wir glauben daher für das Kleeheu nach den Angaben des Mentzel und von Lengerke Kalenders von 1898[2]) einsetzen zu dürfen:

Verdauliche Stoffe:

8,1 % sticktoffhaltige Stoffe, 1,4 % Fett, 38,3 % stickstofffreie Stoffe [2,6 % Amid, 11,7 % Cellulose[3]) sind in diesen enthalten], endlich 84,0 % Trockensubstanz. Für Wiesenheu finden wir 4,4 % verdauliches Eiweiss, 1,0 % verdauliches Fett, 27,2 % verdauliche stickstofffreie Extraktstoffe, 1,6 % verdauliche Amidstoffe, 15,3 % verdauliche Cellulose (Rohfaser), 85,0 % Trockensubstanz.

Das Winterroggenstroh wie das Haferstroh dürften nach Durchschnittszahlen angemessen bewertet werden. Es ergiebt sich also ein Gehalt von

0,8 % verdaulichem Eiweiss, 0,4 % verdaulichem Fett, 12,3 % verdaulichen stickstofffreien Extraktstoffen, 24,2 % verdaulicher Rohfaser, 85,7 % Trockensubstanz. Amid ist nicht zu beachten.

1) Also 20 000 kg.
2) Diese Angaben würden natürlich nach Bearbeitung und Vervollständigung meiner Tabellen für die Praxis aus ihnen zu entnehmen sein.
3) Rohfaser.

Dies für Winterroggenstroh. Da das Haferstroh aber beim Einfahren etwas, wenn auch nur wenig, von der Witterung gelitten hat, dürfte es zweckmässig sein, es ebenfalls nicht höher als das Roggenstroh zu bewerten.

Die Futterrunkeln, kleine, finden sich im erwähnten Kalender mit folgenden Bestandteilen verzeichnet [1]):

0,2 % verdauliches Eiweiss, 0,06 % verdauliches Fett, 9,7 % verdautiche stickstofffreie Extraktstoffe, 0,7 % verdauliches Amid, 0,5 % verdauliche Rohfaser.

Zusammen ergiebt sich dann der Gehalt einer Futterration einer Kuh zu:

	Troeken-substanz	verd. Eiweiss	verd. Fett	verd. stick-stofffreier Extrakt	verd. Amid	80 % der verd. Rohfaser
5 kg Kleehen	4,25	0,275	0,070	1,330	0,130	0,468
2,5 kg Wiesenheu	2,13	0,110	0,025	0,680	0,040	0,306
3½ kg Stroh	2,99	0,028	0,014	0,431	—	0,678
20 kg Futterrüben	2,60	0,040	0,012	1,940	0,140	0,080
	11,97	0,453	0,121	4,381	0,310	1,532

Wir haben nun also

0,453 kg verdauliches Eiweiss, 0,121 kg verdauliches Fett und 6,223 kg verdauliche stickstofffreie Extraktstoffe, Rohfaser und Amid.

Genügen dürften diese Mengen zur Ernährung von einer Kuh im Gewicht von etwa 500 kg wohl nicht. Es verlangen doch zum Beispiel:

Wolff [2]) für Ernährung einer Milchkuh von 500 kg: 1,25 kg verdauliches Eiweiss, 6,75 kg stickstofffreie Nährstoffe und 0,2 kg verdauliches Fett, sowie 12 kg organische Substanz. Kühn [3]) 0,75 kg verdauliches Eiweiss, bis 1,2 kg verdauliches Eiweiss. Denn 0,2— 0,3,5 kg verdauliches Fett und 5,5—7,0 kg stickstoff-

1) Ich möchte noch einmal darauf hinweisen, dass für den Fall der Benutzung unserer Methode in der Praxis die Tabellen natürlich gründlich erweitert und vollkommner ausgeführt sein müssten. Sie würden aber denn alle zur Berechnung nötigen Angaben enthalten, und eine Berücksichtigung anderer Tabellen unnötig machen. Jetzt sind die Tabellen nur gewissermassen zur Probe ganz ausgeführt.

2) Vergl.: Wolff, Fütterungslehre.

3) Vergl.: Kühn, Ernährung des Rindviehes.

freie Stoffe etc. Wir beachten hierbei, dass sich Wolffs höhere Zahl durch Nichtbeachtung der Amidsubstanzen im Eiweiss erklärt.

Eine Zugabe von Kraftfutter wird also nicht zu umgehen sein, um so mehr, als die bedeutende Rauhfuttergabe einen ziemlichen Nährstoffverlust durch vermehrte Kauarbeit wahrscheinlich macht.

Wir wollen nun an der Hand unserer Tabelle sehen, welches von den uns zur Verfügung stehenden Kraftfuttermitteln uns die Nährstoffeinheit am billigsten liefert.

Da unser Gut die sämtlichen Pflanzennährstoffe zu den angeführten Durchschnittswerten brauchen kann, so ist eine Umrechnung hier nicht nötig. Und was die Verluste im Stall und auf der Düngerstätte anlangt, so muss der Besitzer zugeben, dass, obwohl er Kunstdünger und Kraftfutter kauft, für die Erhaltung der düngenden Bestandteile des Stallmists noch sehr wenig gethan ist. Es ist also der grösste Verlust zu rechnen, den unsere Tabellen angeben.

Verfügbar sind für uns folgende Futtermittel, die der landwirtschaftliche Verein des Ortes untersucht und zum Einkaufspreise an seine Mitglieder ablässt:

feine Weizenkleie . . . . . 100 kg 9 — Mark,
Rapskuchen, inländische Waare 100 kg 10,50 Mark,
Palmkernkuchen . . . . . 100 kg 10 — Mark.

Den jetzt zu 12 Mark pro 100 kg verkäuflichen Roggen könnten wir aus den eigenen Vorräten entnehmen. Wir finden nun in unseren Tabellen, dass bei diesen Preisen die Nährstoffeinheit kostet im:

Rapskuchen . 13,56 Pfennig,
feine Weizenkleie 12,41 „
Palmkernkuchen 10,72 „
Roggenkörner 14,35 „

Natürlich wählen wir den Palmkernkuchen, und berechnen, wie sich bei Verwendung von etwa zwei Kilo desselben unsere Fütterung stellen würde. Die zwei Kilo enthalten:

0,312 kg Proteïn (verdauliches), 0,180 kg verdauliches Fett, 0,658 verdauliche stickstofffreie Extraktstoffe, 0,008 kg verdauliches Amid und 0,315 verdauliche Rohfaser (auf

80% berechnet). Rechnen wir dies zu den schon vorhandenen Nährstoffen, so ergiebt sich:

0,765 kg verdauliches Protein, 0,301 kg verdauliches
Fett, 7,204 verdauliche sticksofffreie Nährstoffe + Amid.

Dies wurde ja etwa den verlangten Nährstoffmengen entsprechen, aber unser Grundprinzip, dass das verdauliche Protein
mindestens $1/_{7,5}$ das gesamten verdaulichen Futters ausmache, ist
dabei nicht berücksichtigt. Wir müssen also dafür sorgen, dass
die Mischung mehr Stickstoff bekommt. Nach einigem Herumprobieren machen wir folgenden Versuch. Wir ziehen von dem
Futter, wie wir es bei der Zufügung der 2 kg Palmkernkuchen
bekommen hatten, 1 kg Wiesenheu ab, um es den Schafen, die
mit Rücksicht auf das Milchvieh nur sehr knapp damit bedacht
worden waren, zukommen zu lassen. Dafür fügen wir zu der
Ration noch 1½ kg Rapskuchen zu.

Wir erhalten dann:

	Trocken-substanz	verd. Eiweiss	verd. Fett	verd. stick-stofffreie Extrakt	verd. Amid	verd. Roh-faser
5 kg Kleeheu	4,25	0,275	0,070	1,330	0,130	0,468
1½ kg Wiesenheu	1,27	0.066	0,015	0,408	0,024	0,184
3½ kg Stroh	2,99	0,028	0,014	0,431	—	0,678
20 kg Futterrüben	2,60	0,040	0,012	1,940	0,140	0,080
2kg Palmkernkuch.	1,79	0,312	0,180	0,658	0,008	0,315
1½ kg Rapskuch.	1,34	0,307	0,114	0,343	0,066	0,014
	11,24	1,028	0,405	5,110	0,368	1,739

Es ergiebt sich also eine ausreichende Menge von Trockensubstanz. Dann

1,028 kg verdauliches Eiweiss, 0,405 kg verdauliches
Fett, und 7,217 kg stickstofffreie Stoffe + Amid, oder auf
1,028 kg verdauliches Eiweiss, 8,149 anderweitige Nährstoffeinheiten. Diese Mischung genügt annähernd unserem Verlangen, dass $1/_{7,5}$ des gesamten verdaulichen Nährstoffe verdauliches Eiweiss sind, und dürfte auch sonst, da eine
grosse Auswahl von Nährstoffen uns nicht zur Verfügung
stand, ausreichend sein. Der starke Fettgehalt des Futters
dürfte auch den der Milch günstig beeinflussen.

** 11

Anders, wie angegeben, würden sich aber die Kosten einer
Nährstoffeinheit in den Futtermitteln stellen, wenn durch sachge-
mässe Vorkehrungen die Verluste an Pflanzennährstoffen in
Dungstätte und Stall auf das möglichst geringe Mass beschränkt
worden wären. Es würden dann im

Rapskuchen . . 10,81 Pfennig,
feine Weizenkleie 10,77 „
Palmkernkuchen 9,39 „
Roggenkörner . 13,22 „

für eine Nährstoffenheit bezahlt werden.

Doch diese Ausführungen mögen als Beispiel genügen.
Gern möchten wir zwar ein recht eingehendes, der Praxis besser
als das vorhergehende entsprechendes Beispiel bringen, doch ist
uns dies mit den vorliegenden Tabellenbruchstücken leider völlig
unmöglich. Sollte die von uns vorgeschlagene Methode Beifall
finden, so würde es nur eine gewisse Zeit kosten, um die Tabellen
zu vervollständigen und dann auch ein oder mehrere ausführliche,
der Praxis nahe stehende Beispiele zu bringen. Für die wissenschaftliche Beurteilung unserer Arbeit dürften zudem diese Beispiele von geringer Bedeutung sein.

Wir glauben mit den erwähnten Tabellen I. unsere Beantwortung der Frage nach der Geldwertsberechnung der marktgängigen Futtermittel abgeschlossen zu haben, und wenden uns
der Geldbewertung der marktlosen Futtermittel zu.

An der Hand der von uns in den vorhergehenden Ausführungen ermittelten Werte würde dies eine leichte Arbeit sein,
wenn wir ein Futtermittel besässen, das hier als Vergleichsmittel
dienen könnte.

Doch muss zunächst aus schon angeführten Gründen auf
Heu und Roggen verzichtet werden. Und auch zu einem an-
deren Futtermittel kann man nicht greifen, denn wie sollte unsere
Berechtigung zu einem solchen Schritt bewiesen werden?

Ein anderer Weg führt uns dem Ziele näher. — Wenn man
über den Geldwert einer Futterwerteinheit in marktlosen Futtermitteln nachdenkt, so dürfte man zu dem Schlusse kommen, dass
derselbe entsprechend sein muss den Kosten, welche dieselbe
Wirtschaft mindestens aufzuwenden hat, um sich auf anderem
Wege in Besitz dieser Futterwerteinheit zu setzen.

Auf diesen Schluss bauen wir unsere Geldwertsberechnung
der marktlosen Futtermittel auf.

Der Landwirt erfährt aus unserer ersten Tabelle mit Leichtigkeit, welches Futtermittel ihm beim gegenwärtigen Stand der
Marktpreise plus Transportkosten am billigsten [1] die Nährstoffeinheit liefert, und wie hoch sich diese im Preise stellt.
Die unserer Arbeit beigegebene Tabelle II. zeigt ihm dann,
wie hoch er seine marktlosen Futtermittel bewerten muss, wenn
er für die Beschaffung einer Nährstoffeinheit am Markte bis auf
den Hof mindestens den gefundenen Preis anlegen muss. Es
liegt hier im Belieben des Landwirts, ob er alle Jahre diese Untersuchung über den Durchschnittspreis der billigsten Nährstoffeinheit anstellen will, also alle Jahre einen eventuell neuen Preis
für seine marktlosen Futtermittel normieren will, oder ob er dies
erst in grösseren Zeiträumen für zweckmässig hält. Ich möchte
das Erstere befürworten.

Zur Tabelle II. haben wir ausser den schon vorerwähnten
Punkten noch zu bemerken.

Zu der Wertbestimmung der Summe der Nährstoffeinheiten
werden die Kosten, welche die Beschaffung der billigsten Nährstoffeinheit macht, verwendet. Es ist hier nun nicht nur einfach
der sich nach Tabelle I ergebende Preis einer Nährstoffeinheit zu
bestimmten Marktpreisen zu benutzen, sondern auch die Transportkosten sind mit zu berücksichtigen. Zum Beispiel: der Landwirt
hat ermittelt, dass der Palmkernkuchen ihm für den geringsten Geld-
aufwand eine brauchare Nährstoffeinheit liefert. Nun füge er zum
Marktpreis dieses Futtermittels die Transportkosten per Bahn
hinzu. Die noch zu berücksichtigenden Transportkosten per Axe
durch Zugvieh, sie werden zwar meist von nur geringer Bedeutung sein, muss der Landwirt so hoch ansetzen, wie sie ihm
bei Vergebung an Fuhrleute zu stehen kommen würden. Ist
nun dargestellt der Preis des Futtermittels loco Hof bestimmt, so
ermittele man neuerdings in Tabelle I. die Kosten einer Nährstoffeinheit, und benutze diese für die Berechnung nach Tabelle I.
Also: Für den fraglichen Palmkernkuchen ergab sich inklusive
Transportkosten ein Preis von 10,50 Mark. Bei geringsten Ver-

---

[1] Der Landwirt muss natürlich hier auch die derzeitig noch nicht in Zahlen
bewertbaren Umstände berücksichtigen, deren in den Anmerkungen gedacht ist.

lusten an Pflanzennährstoffen in Stall und Dungstätte ergab sich
ein Preis der Nährstoffeinheit von 9,51 Pfennig bei Verfütterung
an Tiere, die nur wenig der Pflanzennährstoffe anderweitig verwerten, und 9,98 Pfennig bei anderen Tieren. Ziehen wir nun
unter diesen Ziffern unsere Tabellen II zu Rate, so finden wir,
dass dann das Heu, sehr guter Sorte, pro 100 kg einen Wert hat.

bei 9,51 Pfg. von 6,235 Mark und
„ 9,98 „ „ 6,225 „

Hier fällt der Geldwert für Heu bei Pferden etc. mit dem bei
Kühen etc. zusammen. (Vergl. auch diese Seite unten).

Auch bei diesen Beispielen muss nochmals darauf hingewiesen werden, dass sie nicht etwa irgend welchen Wert beanspruchen, sondern lediglich zur Orientierung dienen sollen. Genauere Beispiele würden erst aufzustellen sein, wenn die Tabellen
vervollständigt, vielleicht auch noch in manchen Punkten ver-
bessert und berichtigt sein würden.

So findet also der Landwirt die Geldwerte der marktlosen
Futtermittel und kann sie in seine Bücher einführen. Hier werden
sie ihm zur Prüfung der einzelnen Betriebszweige auf ihre Rentabilität dienen. Auch die Frage nach der Rätlichkeit eines Ver-
kaufes von Rauhfutter, oder überhaupt von marktlosen Produkten,
nach der Rentabilität einer weiteren Ausdehnung des Futter-
baues, nach der Rentabilität des Ersatzes von Kraftfutter durch
marktlose Produkte oder umgekehrt wird sich durch sie in der
Regel beantworten lassen.

Ehe wir unsere Arbeit schliessen, möchten wir noch auf
einen Umstand hinweisen, der sich aus den Tabellen ergiebt.
Nach Tabelle I. erhält das Pferd [1]) zum Beispiel die Nährstoffeinheit Erdnusskuchen billiger als die Kuh [2]). Dies erklärt
sich folgendermassen: In 100 Kilogramm Erdnusskuchen erhält
sowohl das Pferd wie die Kuh eine gewisse Menge von Pflanzennährstoffen [3]). Das Pferd giebt diese nun ohne nennenswerte Verluste wieder in den Dünger ab, die Kuh dagegen verbraucht

---

1) Gehört zu den Tieren, die wenig Pflanzennährstoffe verbrauchen, vergl.
Seite 145 dieser Arbeit, also in der Tabelle I) in der dritten Spalte.

2) Gehört zu den Tieren, die viel Pflanzennährstoffe verbrauchen, also II) in
der dritten Spalte.

3) Organische Substanz kommt nicht in Rechnung, da sie bei Pferden wie
bei Kühen in gleichem Masse verloren geht.

einen ziemlich bedeutenden Teil anderweitig und giebt weniger an den Dünger ab. Die Folge davon ist, dass die in 100 Kilogramm Erdnusskuchen zum Beispiel enthaltenen Pflanzennährstoffe bei der Kuh nur teilweise wieder zur Verfügung des Landwirts gelangen, im Vergleich zum Pferde. Dem entsprechend ist natürlich der Düngerwert bei Verfütterung an die Kuh geringer als bei Verfütterung an das Pferd, ich kann von dem Gesamtpreis nur eine geringere Geldsumme abziehen [1]), der Preis einer Nährstoffeinheit wird höher. Und wie aus dem Gesagten erhellt, ist dies nur gerecht. Denn indem die Kuh weniger Pflanzennährstoffe im Dünger zurückliefert, verwendet sie die nicht zurückgegebenen für ihre eigene Produktion, es ist also billig, dass sie für die auf solche Weise dem Landwirt entzogenen, Düngerwert besitzenden Stoff eine Entschädigung zahlt, die in einem erhöhten Preis für die Nährstoffeinheit sich ausdrückt.

In der zweiten Tabelle, die den Geldwert der marktlosen Futterstoffe angiebt, benutzt dem errechneten Mindestpreise der Nährstoffeinheit entsprechend der Landwirt für das an Pferde gegebene Heu eine andere Spalte als für das an Kühe gegebene. Denn für Kühe kostete die billigste Nährstoffeinheit entsprechend dem soeben Gesagten mehr als für Pferde. Wir müssen so dazu kommen, den Kühen [2]) die marktlosen Futtermittel zu etwas höheren Preisen in Rechnung zu stellen als den Pferden [3]). Denn, wenn die Kuh nur in der Lage ist, die billigste Nährstoffeinheit etwas teurer zu erhalten als das Pferd, so wird ihr gegenüber der Vertreter der Rauhfuttermittel- (und überhaupt marktlosen Futtermittel-) Abgabe in der Lage sein, seine Forderungen höher zu stellen als dem Pferde gegenüber.

In der Praxis dürfte diese Thatsache aber fortfallen. Denn der sich so ergebende höhere Geldwert der Nährstoffeinheit eines marktlosen Futtermittels bei Abgabe an Kühe wird wieder durch die hier eintretende und notwendige geringere Bewertung der düngenden Bestandteile des marktlosen Futtermittels aufgehoben, das Gleiche in umgekehrter Weise geschieht beim Pferd.

---

1) Für im Futtermittel enthaltene, wertvolle Pflanzennährstoffe.

2) Und anderen viel Pflanzennährstoffe verbrauchenden Tieren . . . . Vergl. Seite 145 dieser Arbeit.

3) Und anderen, wenig Pflanzennährstoffe verbrauchenden Tieren.

Schluss.

Wir glauben nun, soweit es möglich war, unsere Aufgabe erledigt und eine neue Methode der Geldwertsberechnung der Futtermittel gegeben oder wenigstens den dabei einzuschlagenden Weg gekennzeichnet zu haben.

Noch einmal wollen wir wiederholen, dass in unserer Arbeit Einzelheiten, besonders die benutzten Durchschnittszahlen und Aehnliches, vielfach einer Verbesserung bedürftig sein werden. Daran war besonders die Unsicherheit schuld, welche auf diesen Gebieten noch herrscht, abgesehen davon, dass vielleicht manchesmal die nötigen Quellen nicht zu Gebote standen.

Die ganze Methode aber, die wir vorschlugen, scheint doch den vorbehandelten gegenüber manche Vorzüge zu besitzen, sodass sie vielleicht einmal nach den nötigen Verbesserungen auch der Praxis Nutzen bringen kann.

Lebenslauf.

Am 16. Mai 1875 wurde ich als Sohn des Kaufmanns Karl Ehrenberg zu Brandenburg an der Havel geboren. Ich wurde dem Glauben meiner Eltern entsprechend in der evangelischen Konfession erzogen, und genoss meine wissenschaftliche Ausbildung auf dem humanistischen Gymnasium meiner Vaterstadt. Von hier ging ich aus der Prima ab, um von Ostern 1892 bis 1894 in Stauffenburg bei Münchehof am Harz, Besitzer Oberamtmann PAUL, die Landwirtschaft zu erlernen. Dann war ich noch ein Jahr bei Herrn Oberamtmann KOEHLER, auf den Domänen Neuenberg und Heimbach bei Fulda, thätig, bis ich Ostern 1895 die Universität Jena bezog. Zu Beginn des Wintersemesters 1897/98 bestand ich dort das landwirtschaftliche Diplomexamen. Während meiner Studienzeit hatte ich Gelegenheit, Vorlesungen der folgenden Herren zu hören:

Professor Dr. Freiherr VON DER GOLTZ. Dr. von SEELHORST, Professor Dr. SETTEGAST, Professor Dr. EDLER, Professor Dr. PFEIFFER, Professor Dr. PIERSTORFF, Professor Dr. Ernst HAECKEL, Professor Dr. STAHL, Professor Dr. LINCK, Professor Dr. KNORR, Professor Dr. DETMER, Professor Dr. GAEDECHENS. Medizinalassessor Dr. KÜNNEMANN, Oberinspektor SCHULTZE.

Besondere Gelegenheit mich noch weiter fortzubilden, fand ich in den Seminarien und praktischen Uebungen folgender Herren:

Professor Dr. SETTEGAST, Professor Dr. PFEIFFER, Professor Dr. EDLER, Professor Dr. HAECKEL, Professor Dr. PIERSTORFF, Professor Dr. LINCK, Professor Dr. STAHL.

Allen diesen Herren, meinen hochverehrten Lehrern, erlaube ich mir an dieser Stelle meinen ehrerbietigsten D a n k auszusprechen.

Tabelle I.

Tabelle II.